Gott, warte auf mich

T V Z

Christine Reibenschuh

Gott, warte auf mich

Eine Gebetsschule
für Einzelne und Gruppen

Mit Bildern von Anita Sieber Hagenbach

TVZ
Theologischer Verlag Zürich

Publiziert mit freundlicher Unterstützung der Evangelisch-reformierten Landeskirche des Kantons Zürich.

Der Theologische Verlag Zürich wird vom Bundesamt für Kultur für die Jahre 2021–2024 unterstützt.

Bibliografische Informationen der Deutschen Nationalbibliothek
Die Deutsche Nationalbibliothek verzeichnet diese Publikation in der Deutschen Nationalbibliografie; detaillierte bibliografische Daten sind im Internet über http://dnb.dnb.de abrufbar.

Umschlaggestaltung
Simone Ackermann, Zürich, unter Verwendung eines Ausschnitts des Bilds «Nähe» von Anita Sieber Hagenbach

Satz und Layout
Claudia Wild, Konstanz

Druck
gapp print, Wangen im Allgäu

ISBN 978-3-290-18502-2 (Print)
ISBN 978-3-290-18503-9 (E-Book: PDF)

© 2022 Theologischer Verlag Zürich
www.tvz-verlag.ch

Alle Rechte, auch die des auszugsweisen Nachdrucks, der fotografischen und audiovisuellen Wiedergabe, der elektronischen Erfassung sowie der Übersetzung, bleiben vorbehalten.

Inhalt

Geleitwort 9
Lehre uns beten! 13

1 **Einleitung: Warum eine Gebetsschule?** 17
   1.1 Ist beten schwer? 19
   1.2 Beten – ein Gespräch 21
   1.3 Beten ist wichtig für das Gemeindeleben 22
      1.3.1 Beten – damit bewusst bleibt, was
            unverfügbar ist 23
      1.3.2 Beten – weil Gebet unsere Erkenntnis Gottes
            erweitert 24
      1.3.3 Beten und Gemeinschaft 25
   1.4 Zum Aufbau des Buchs 26
      1.4.1 Das Warten auf Pfingsten – Schritte auf dem Weg .. 27
      1.4.2 Übungen für das persönliche Beten 29
      1.4.3 Übungen und Vorschläge für Gruppen 30
      1.4.4 Gebetstexte und Gedichte 30
      1.4.5 Erfahrungsberichte 31

2 **Wir sind allein – verloren in der Welt** 33
   2.1 Die Leere aushalten, um Stille zu finden 36
   2.2 Einzelübungen zum Stillwerden 38
      2.2.1 Aushalten, dass die Gedanken leer sind,
            kreisen, abschweifen 39
      2.2.2 Den Körper wahrnehmen 39
      2.2.3 Jesusgebet 40
   2.3 Übungen für das Gespräch in der Gruppe 41
      2.3.1 Exkurs 1: Sicherheit und Vertrauen schaffen 41
      2.3.2 Meine Vorstellungen von Gebet 42
      2.3.3 Die Leere und Gottes Schweigen aushalten 44
   2.4 Texte 44
   2.5 Erfahrungsbericht 46

Inhaltsverzeichnis

3 Im Obergemach – wertvolle Erinnerungen 49
3.1 Rückzug und Anknüpfen an guten Erfahrungen 50
3.2 Einzelübungen zur Erinnerung
  von geistlichen Schätzen 52
  3.2.1 Meine Glaubensbiografie – meine spirituellen
    Erfahrungen 53
  3.2.2 Prägende Gottesbilder 55
  3.2.3 Innere Bilder für die Gottesbeziehung 57
3.3 Übungen für das Gespräch in der Gruppe 58
  3.3.1 Wie ich mit dem Gebet in Berührung kam 59
  3.3.2 Meine Gottesbilder 60
3.4 Texte 61
3.5 Erfahrungsbericht 64

4 Zusammen mit anderen fragen 67
4.1 Die Kraft der Gemeinschaft 68
  4.1.1 Die Gemeinschaft – ein Raum für Neues 68
  4.1.2 Exkurs 2: Habitus und Doxa oder warum es
    so schwer ist, über Glaubenserfahrungen
    zu sprechen 72
4.2 Einzelübung: Meine Gruppenerfahrungen 76
4.3 Übungen für das Gespräch in der Gruppe:
  Gemeinsam unterwegs bleiben 78
  4.3.1 Fragen zum Beten 79
  4.3.2 Voneinander lernen: Teilen von Gebetsschätzen ... 80
  4.3.3 Gemeinsames Beten wagen 82
4.4 Texte 83
4.5 Erfahrungsberichte 84

5 Sich einreihen in die Tradition 89
5.1 Kraft schöpfen aus der Tradition 90
5.2 Einzelübungen: In der Schatzkammer
  der Tradition stöbern 94
  5.2.1 In meiner Erinnerung suchen 94
  5.2.2 «Notapotheke» aus der Tradition 96
  5.2.3 Sich fremde Texte aneignen 97

Inhaltsverzeichnis

    5.3 Übungen für das Gespräch in der Gruppe:
        Traditionen teilen und sich aneignen 98
        5.3.1 Schätze teilen 99
        5.3.2 Schwer verständliche Texte gemeinsam
             aneignen 100
    5.4 Texte 102
    5.5 Erfahrungsberichte 106

6 Warten 111
    6.1 Warten – eine Übung in Vertrauen 112
    6.2 Einzelübungen: Ungeduld und Überdruss aushalten 114
        6.2.1 Warten: Ich bin da – trotz allem 115
        6.2.2 Warten mit Psalmengebet 116
    6.3 Übungen für das Gespräch in der Gruppe:
        Gemeinsam warten – gemeinsam tragen 116
        6.3.1 Erfahrungen von Gottesferne teilen 117
        6.3.2 Erfahrungen mit nicht erhörten Gebeten teilen . . . 118
        6.3.3 Dennoch weiter beten 119
    6.4 Texte 121
    6.5 Erfahrungsbericht 125

7 Vom Geist überrascht 129
    7.1 Sich überraschen lassen 131
    7.2 Einzelübungen: Bereit werden für Gottes Über-
        raschungen 135
        7.2.1 Überraschungen – Freude oder Störung? 135
        7.2.2 Mich öffnen für Gottes Reden 136
    7.3 Übungen für das Gespräch in der Gruppe:
        Umgang mit Überraschungen 138
        7.3.1 Überraschungen: Störung oder Grund
             zur Freude? 138
        7.3.2 Sich von Gott überraschen lassen? 139
        7.3.3 Gemeinsam auf Gott hören 140
    7.4 Texte 143
    7.5 Erfahrungsbericht 145

Inhaltsverzeichnis

8 Hinaustreten 149
  8.1 Gottes Geist will weiter 151
  8.2 Einzelübung: Erfahrungen teilen 158
  8.3 Übungen für das Gespräch in der Gruppe:
      Lernen, über persönliche Glaubenserfahrungen
      zu sprechen 159
      8.3.1 Was das Teilen von Erfahrungen leichter macht ... 159
      8.3.2 Erzählen und Hören 161
  8.4 Texte 162
  8.5 Erfahrungsbericht 164

9 Von Auffahrt nach Pfingsten 169
  9.1 Texte 172

Dank 175
Zur Künstlerin Anita Sieber Hagenbach 177
  Zu den Bildern 178
Textrechte 179

Geleitwort

> Du wartest auf uns,
> bis wir geöffnet sind für dich;
> wir warten auf dein Wort,
> das uns aufschliesst.
> Stimm uns ab auf deine Stimme,
> auf deine Stille.
> *Huub Oosterhuis*[1]

Der Titel dieses Buchs variiert die erste Zeile eines Gebets, das aus der Feder von Huub Oosterhuis stammt. Es ist im Kapitel «Warten» abgedruckt. Von einer Variation ist zu sprechen, weil die Zeile nicht «korrekt» zitiert wird. Was der niederländische Theologe, Dichter und Essayist als *Bekenntnis* formuliert, wird in eine *Bitte* gewendet. Aus «Du wartest auf uns» wird «Gott, warte auf mich». War die Autorin nachlässig?

Natürlich nicht! Die Verfälschung ist zulässig und nicht zufällig. Der Wechsel von der Aussage zur Bitte und vom Plural zum Singular bewirkt ein leichtes Changieren der Bedeutung, macht einen Parallelismus, wie wir ihn aus der hebräischen Dichtung kennen und erzeugt ein Schweben des Sinns, das stimmig ist: «Gott, warte auf uns» *ruft* nach ihm, «Du wartest auf uns» *ruht* in ihm.

Dass Huub Oosterhuis die Gebetsschule des Psalters durchlaufen hat, lässt sich auch am Parallelismus ablesen, der dem Gebet einen schönen Dreh verleiht. Gott wartet darauf, dass sich die Gemeinschaft der Betenden für ihn öffnet, die Betenden warten auf ein Wort, das ihnen Gott erschliesst. Was nacheinander

---

[1] Huub Oosterhuis, «Du bist der Atem und die Glut. Gesammelte Meditationen und Gebete», Verlag Herder i. Br., 3. Auflage 1994, S. 13.

Geleitwort

zweimal ein wenig anders gesagt und gewendet wird, bekommt ineinander gehört seinen Tiefensinn. Was übers Kreuz gebetet und gesungen wird, lässt zwei Gebetserfahrungen erklingen, die einander erhören. Die Zuversicht wechselt zur Zusicherung, die Ruhe kippt in heilige Unruhe, der Halt in Gott mündet in die Bereitschaft, sich selbst loszulassen. Es ist ein lebendiges Hin und Her, ein Auf und Ab und Hinein und Hinaus. Beides gehört zusammen. Denn in der Erwartung wird schon Erfüllung erfahren, aber in der Erfüllung ein neues Sehnen geboren. Wer betet, um dem verborgenen Du zu begegnen, wird mit Gott nicht fertig, wer dem Du begegnen will, um zu beten, hat von Gott nie genug. Es sind Lektionen, die man nur in der *Gebetsschule* lernt.

Irritiert Sie die Wortschöpfung? Lernt man Beten in der Schule? Ich bin mir nicht sicher, ob ich je erlebt habe, dass jemand während meiner Schulzeit im Unterricht gebetet hätte. Das galt auch für den «Reli». Das war in den 1970er-Jahren. Vermutlich ist es heute nicht anders. Religionsunterricht ist offiziell Religionskunde geworden, sogenanntes «Teaching about» und nicht «Teaching in». Beten gehört definitiv zu Letzterem. Es ist die zentrale Praktik des Glaubens, die wie jede Praktik geübt werden will, aber sicher nicht an der Schule. Religiöse Übungen sind in unserer säkularen Kultur eine Privatangelegenheit geworden. Die Familie ist der Ort, an dem das Beten gelehrt und gelernt wird. Das heisst: Eigentlich wäre es der natürliche Ort. Aber wie sollen Eltern, die ihre Eltern nie betend erlebt haben und selbst nicht beten, ihren Kindern das Beten beibringen?

Der Begriff «Gebetsschule» könnte darum auch so gelesen werden. Er zielt auf eine Lücke. Er signalisiert, dass das Religiöse die Sphäre der Bildung braucht und nicht nur eine Privatangelegenheit ist, und erinnert daran, dass Praktiken für eine gepflegte Religionspraxis elementar sind. Das schliesst «Teaching about» nicht aus. Denn auch die Herzensbildung verlangt ein gewisses Mass an intellektueller Anstrengung. Im Blick ist aber weniger Wissensstoff, den man anhäuft, als die Weisheit, die man sich ein-

Geleitwort

verleibt. Insofern bilden Glaubenserfahrung und Glaubensreflexion auch eine Art Parallelismus. Es wird höchste Zeit, ihn wieder zu entdecken und vor allem zu praktizieren.

Ich bin deshalb froh, ist dieses Buch erschienen. Es kann eine Brücke schlagen über den Graben zwischen den «Frommen» und den «Gescheiten» oder wenigstens den Abstand verringern, der entstanden ist, weil beide nichts mehr voneinander erwarten. Da die einen, die noch zu Gott beten, aber nicht mehr viel verstehen, und dort die anderen, die meinen, sie verstehen etwas von Gott, aber nicht mehr zu ihm beten. Sich im Gebet zu bilden und in der Bildung das Beten zu entdecken, geht miteinander. Beides gehört zusammen. Dann merkt man auf Variationen, hört die Stimmen und freut sich am Klang.

Huub Oosterhuis ist ein Meister des biblischen Anstimmens. In der dritten und vierten Zeile seines Gebets steht beinahe ein Zitat. Oosterhuis variiert einen Psalmvers. Aus «harre auf Gott, denn ich werde ihn wieder preisen» (Psalm 42) wird «wir warten auf dein Wort, das uns aufschliesst». Das wünsche ich Ihnen, den Leserinnen und Lesern, dass sich durch die Worte dieser kleinen Gebetsschule erschliesst, was Gottes Wort in Ihnen aufschliessen will.

Ralph Kunz

Lehre uns beten!

«Und es geschah, nachdem er an einem Ort lange gebetet hatte, dass einer seiner Jünger zu ihm sagte: Herr, lehre uns beten.» (Lukas 11,1)

Beeindruckt von der Gebetspraxis ihres Meisters bitten die Jünger Jesus, ihnen beizubringen, wie sie beten sollen. «Herr, lehre uns beten.» Was die Jünger sahen, schien sie zu überzeugen. Regelmässig zog sich Jesus in die Einsamkeit zurück, um zu beten. Zudem scheint Johannes der Täufer seinen Jüngern gezeigt zu haben, wie sie beten sollen. Auch die Jünger von Jesus möchten «richtig» beten können.

Jesus nimmt die Bitte seiner Jünger auf und schenkt ihnen die Worte des Unservater-Gebets. Der Evangelist Matthäus hat die Worte des Unservaters in der Bergpredigt überliefert, zusammen mit einer Reihe anderer Worte zum Gebet: ein kleiner Gebetsleitfaden.

«Herr, lehre mich beten» soll ein Leitgedanke dieses Buchs sein. Es ist gedacht für diejenigen, die den Wunsch verspüren, sich tiefer im Beten zu verwurzeln, weitere Horizonte des Gebets zu erkunden und vertrauter mit dem Gespräch mit Gott zu werden.

«Gott, warte auf mich», diese Variation von Huub Oosterhuis' Gebet, kann so zum Ruf werden, Gott im Gespräch zu treffen. Tastend, stammelnd vielleicht, aber mit dem tiefen Wunsch, dem Unfassbaren zu begegnen. Er, der nicht festgehalten werden kann, soll auf mich warten, wenn ich mich stolpernd, auf der Suche nach Formen, die mein Fühlen und Erleben in Worte fassen, nähere, auf seinen Anruf reagiere.

Beten ist immer Antwort. Vor jedem Gebetswort, das ich ausspreche, bin ich angesprochen, gerufen. Gott ist es, der uns vielfältig anspricht, nur erkennen wir seine Stimme nicht immer.

Lehre uns beten!

Vielleicht so, wie der junge Samuel, der nachts dreimal von Gott beim Namen gerufen wurde und stets meinte, sein alten Lehrer Eli habe nach ihm gerufen. Und auch der alte Eli realisiert erst beim dritten Mal, dass es Gott sein muss, der Samuel ruft. In dem Moment, in dem er versteht, zeigt er seinem Schüler, wie er auf Gottes Ansprache reagieren soll: «Rede, dein Diener hört.» (1. Samuel 3,9–10)

«Hörgang»

1 Einleitung: Warum eine Gebetsschule?

Braucht es das, eine Gebetsschule, einen Leitfaden für das Beten? Gibt es nicht genügend Bücher mit Gebetstexten, die man nachsprechen kann?

Überhaupt: Kann man nicht irgendwie beten? Braucht es nun auch noch fürs Beten ein Diplom? Kann und muss man «richtig» beten? Und wenn dem so ist: Wie geht richtig beten?

Wäre es denn so schlimm, wenn nicht mehr gebetet würde? Oder nur noch in der Kirche während des Gottesdiensts oder im Wald auf dem Spaziergang? Was fehlt, wenn das Gebet verstummt? Fehlt überhaupt etwas?

Solche Fragen stellt sich, wer sich aufmacht, eine Gebetsschule zu schreiben.

Ausgangspunkt dieser Gebetsschule waren Erfahrungen und Beobachtungen, die deutlich machten, dass heute immer mehr Menschen sich unsicher fühlen mit dem Beten. Manche erlebten in ihrer Kindheit kein Abendritual mit Kindergebet. Die Sonntagschule besuchten sie nicht, und im Konfirmationsunterricht war es zu peinlich, mit anderen über das Beten nachzudenken oder gar wirklich mitzubeten. Und jetzt, wo sie gerne beten würden, sind viele Menschen hilflos und wissen nicht recht, wie sie das machen sollen. Sie fragen sich, ob es ein richtiges Beten gibt. Selbst an kirchlichen Zusammenkünften zum Thema Spiritualität kann es in der Vorstellungsrunde vorkommen, dass Theologinnen und Theologen etwas verschämt davon erzählen, dass sie zwar andere über Spiritualität lehren, aber selbst nie wirklich beten gelernt haben und deshalb gegenüber dem schlichten Gebet eine Unsicherheit empfänden.

Natürlich gibt es viele Kurse und Bücher, die in die verschiedensten Meditationsformen einführen. Auch findet man Bücher mit Erklärungen zum Unservater, Anleitungen zum «wirkungs-

1 Einleitung: Warum eine Gebetsschule?

vollen Beten» und zu weiteren Disziplinen des Gebets. Aber das schlichte Gebet, das regelmässige Gespräch mit Gott in allen seinen Ausprägungen scheint gerade in den Landeskirchen buchstäblich nicht der Rede wert zu sein. Vielleicht wird noch zu sehr davon ausgegangen, dass das jeder kann und jede weiss, wie und wann man beten kann. Vielleicht ist das Thema auch zu intim in unserem Kulturkreis, dass es schwer scheint, darüber zu sprechen, zu schreiben und nachzudenken.

Vielleicht ist uns auch zu wenig bewusst, wie wichtig und grundlegend das Gebet nicht nur für die persönliche Spiritualität, sondern auch für die Erneuerung von Kirchgemeinden ist. Hinter dieser Erkenntnis stehen Einsichten aus einer empirischen Forschungsarbeit, die die Autorin als Dissertation in Zürich abgeschlossen hat.[2] In der Untersuchung wurde aufgezeigt, dass geistliche Erfahrungen, Begegnungen mit dem Unaussprechlichen, dazu anregen, über diese Erlebnisse nachzudenken. Der Versuch, das in Worte zu fassen, was man in der Begegnung mit Gott in Gebet und Meditation erfahren hat, führt zu einem vertieften Verstehen von Glauben und zu theologischen Einsichten. Werden eigene Erkenntnisse mit anderen geteilt, regt es auch deren Nachdenken über spirituelle Fragen an. Deshalb ist es nicht nur für das spirituelle Leben von Einzelnen von Bedeutung, dass gebetet wird, sondern es ist auch für den geistlichen Reichtum einer Gemeinde wichtig, dass das Gebet einen wichtigen Stellenwert im gemeinsamen Unterwegssein als Volk Gottes hat. Zugespitzt formuliert: Beten fördert die geistliche Sprachfähigkeit nach innen innerhalb der kirchlichen Gemeinschaft, aber auch nach aussen, um anderen, die nach spirituellen Erfahrungen fragen und suchen, Antworten geben zu können.

Das vorliegende Buch wird sich im einleitenden Kapitel diesen grundsätzlichen Fragen stellen und dann in den Kapiteln des

---

2 Christine Reibenschuh, «Das Gebet als Antwort und Herausforderung», 2020, online verfügbar auf ZORA.

1 Einleitung: Warum eine Gebetsschule?

Haupteils Gedankenanstösse, Anregungen und Übungen für Einzelne und Gruppen geben. Es soll ein eigentliches Kursbuch sein: Es enthält Gedanken zum Beten und dem, was Beten bewirken kann. Es werden verschiedene Formen, wie gebetet werden kann, vorgestellt. Und das Buch möchte aufzeigen, welche Wirkungen es hat, wenn sich Menschen über ihre Erfahrungen mit dem Gebet austauschen, und wie solche Gespräche sowohl für Einzelne wie für die Gruppe, ja, für Gemeinde als Ganze aufbauend und bereichernd sein können.

1.1 Ist beten schwer?

Wenn es wirklich einen Leitfaden zum Beten braucht, stellt sich die Frage, ob Beten schwer ist. Können nicht alle beten? Kann man nicht einfach anfangen? Oder ist Beten nur etwas für Gescheite und Gelehrte, sodass man es lernen muss?

Natürlich ist Beten nicht schwer!

Natürlich kann man einfach anfangen!

Aber leider sind längst nicht mehr alle Menschen mit der Erfahrung des Betens in Berührung gekommen. Die Kompetenz des Betens, die traditionellerweise in der Familie weitergegeben wurde, wird in vielen Familien nicht mehr praktiziert und deshalb auch den Kindern nicht mehr gelehrt. Religiöse Bildung geschah und geschieht in der Regel in der Familie – in allen Ländern und allen Religionen, wohl seit es Menschen gibt, die bewusst Religion praktizieren.

Aus verschiedenen Gründen[3], die hier nicht dargelegt werden können, ist die Gebetspraxis an vielen Orten, vor allem in den westlich geprägten Gegenden der Welt, stark rückläufig. Selbst

---

3 Als ein wichtiger Grund des Rückgangs an religiöser Bildung in der Familie kann das Stichwort Säkularisierung gelten. Dies ist ein äusserst komplexes und vielschichtiges Geschehen, wie Taylor und Schulte in ihrem monumentalen Werk darlegen konnten: Charles

1 Einleitung: Warum eine Gebetsschule?

«Berufschristen» können sich unsicher fühlen, wenn das Gebet zur Sprache kommt, da sie nicht von klein auf selbstverständlich damit in Berührung gekommen sind.

Das Restwissen über das Beten beschränkt sich oft auf die Ahnung, dass in dem Moment, in dem man nicht mehr weiterweiss und nichts anderes mehr hilft, doch noch das Beten bleibt. «Not lehrt beten», sagt der Volksmund und verbannt damit das Beten an den Rand des Lebens. Nur noch in allergrösster Not wird auf das Gebet zurückgegriffen, oft begleitet von dem Spruch: «Wenn es nichts nützt, so schadet es gewiss nicht.»

Am anderen Rand des Lebens, in den Glücksmomenten, scheint manchen noch das Danken in ausserordentlichen Lebenssituationen selbstverständlich: Die Geburt eines Kinds oder ein ausserordentliches Naturerlebnis bringt vielen Worte des Staunens und des Danks auf die Lippen, wenn auch nicht immer bewusst bedacht wird, an wen dieser Dank gerichtet ist.

So ist das Gebet vielen als Notruf, Bitte und Klage noch bekannt. Ebenso ist das Danken für Ausserordentliches oder in besonderen Momenten manchem nicht unvertraut. Das Beten als alltägliche Praxis eines Gesprächs mit einem persönlichen Gott hingegen ist vielen fremd und ungewohnt geworden.

Und doch – gleichsam als Gegenbewegung – ist eine zunehmende Nachfrage nach spirituellen Erfahrungen beobachtbar. Achtsamkeits- und Meditationskurse sind gefragt; selbst Firmen bieten ihren Arbeitnehmenden solche Kurse an, um Burnouts zu vermeiden und die Leistungsfähigkeit zu steigern. Es scheint deshalb nicht vermessen, auf die Reichtümer aus dem Schatz der kirchlichen Tradition hinzuweisen und Kurse anzubieten, die in die Praxis des Betens einführen, wie es seit vielen Generationen geübt und gelebt wird und die Betenden durch ihr Leben trägt und stützt.

Taylor und Joachim Schulte, «Ein säkulares Zeitalter». Wiss. Sonderausgabe, Suhrkamp, Berlin 1. Aufl. 2012.

1 Einleitung: Warum eine Gebetsschule?

1.2 Beten – ein Gespräch

Beten – ein Gespräch mit Gott. Zu einem Gespräch gehören mindestens zwei. Da braucht es ein Ohr für das Gesprochene. Und normalerweise erwartet man in einem Gespräch auch Antwort. Sonst wird das Gespräch zum Monolog. Wenn das Gebet als Gespräch verstanden wird, dann muss Beten mehr sein als Bitte, Klage und Dank.

Dann muss zum Beten auch das Hören gehören.

Und dann sollte es auch etwas zum Hören geben.

Und hier beginnt das Beten lernen: zu realisieren, dass nicht nur meine Notschreie oder mein Dankesjubel Gebete sind, sondern dass auch das stille Hören dazu gehören kann, ja, dazu gehören muss, wenn das Beten an Tiefe und Weite gewinnen will und das Leben bereichern soll und kann.

Und spätestens hier verlassen viele den für ihr Gefühl sicheren Grund. Hören? Wen oder was gibt es beim Beten zu hören? Und wenn es Gott ist, der redet: Wie spricht er? Und wie erkennt man seine Stimme? Bin nicht nur ich selber es, die mir im Selbstgespräch Antwort gibt auf meine grossen Fragen?

Und wenn ich nichts höre? Noch nie etwas gehört habe?

Manchem scheint der Himmel verstummt.

Und zunehmend auch die Welt. Zu oft klingt nichts an und nach, und es kommt keine Antwort auf die Anrufe und Fragen, die wir in die Welt senden. Geschäftiger Lärm umtönt uns, aber es erreichen uns oft keine Antworten.

Und so dünkt manchen die Welt und der Himmel leer, sie sind sich selbst und der Welt fremd geworden, der Himmel scheint weit weggerückt und nichts weiter zu sein als das zu erforschende All mit seinen Galaxien. Antwort ist keine zu erwarten

Wie umgehen mit der Erfahrung der Leere und Resonanzlosigkeit? Lässt sich dieser Erfahrung im Gebet begegnen? Dieses Buch setzt genau an diesem Punkt ein. Leere ist eine Erfahrung, die viele teilen. Eine Gebetsschule kann die Realität von vielen, dass man sich selbst, die Welt und den Himmel als leer erfährt,

1 Einleitung: Warum eine Gebetsschule?

nicht überspringen. Sie muss sie auch nicht überspringen. Auch die biblischen Texte sprechen von der schmerzlichen Not, Gott als den Abwesenden zu vermissen.

«Gott, warte auf mich!» Dieser Ruf, dem vermissten Gott hinterhergerufen, wird zur Bitte, dass ich angesprochen werde, dass mir etwas zugesagt wird, dass es etwas zu hören gibt, das meine Leere füllt und mich weiterführt. «Gott warte auf mich» kann auch der Ruf derer sein, die sich schwertun mit dem Hören, die das Gefühl haben, diesem Gott nicht folgen zu können, ihn nicht zu verstehen, und die sich deshalb etwas mehr Zeit und Übung erbitten.

Andererseits zeugen nicht nur biblische Berichte davon, dass Menschen aus der Leere herausfinden und merken, dass die Leere nicht leer, sondern erfüllt ist mit Leben und Gegenwart. Menschen erfahren gerade im Gespräch mit Gott, dass ihnen Antwort geschieht, dass Gott nicht nur wartet, sondern sich ihnen zuwendet und sie anspricht. Sie hören etwas, sodass sich ihr Blick auf die Welt und den Himmel verändern kann und sie selber sich in einem grossen Ganzen aufgehoben wissen dürfen.

1.3 Beten ist wichtig für das Gemeindeleben

Beten öffnet einen wichtigen Zugang zur Realität, um zu erkennen, dass mich nicht eine leere Welt und ein leerer Himmel umgibt. Beten bettet in eine grosse, mich übersteigende Gemeinschaft ein. Es verbindet mich mit der weiten sichtbaren und unsichtbaren Welt. So hilft es, Heimat zu finden im Kosmos, in den ich gestellt bin.

Das Gebet ist aber nicht nur wichtig zur Beheimatung von mir als Individuum, sondern es ist auch wesentlich für das Leben als christliche Gemeinschaft. Im Austausch unserer Gebetserfahrungen bereichern wir uns gegenseitig. Im Nachdenken über unser Beten, im Gespräch über die spirituellen Erlebnisse, im Nachfragen und Erzählen unserer Geschichten erweitern wir unser Wis-

1 Einleitung: Warum eine Gebetsschule?

sen. Gemeinsam lernen wir, besser zu begreifen, was wir tun, wer wir sind und wie wir Gott verstehen können.

Aber es gilt: Beten kann gelernt, das Wissen darüber erweitert werden und das Gespräch über das Beten kann bereichernd wirken. Dennoch lässt sich nicht eine einzige Begegnung mit dem Ewigen erzwingen und «herbeiüben».

1.3.1 Beten – damit bewusst bleibt, was unverfügbar ist

Das Beten erinnert immer wieder daran, dass nichts in der Begegnung mit Gott erzwingbar ist. Gerade die Erfahrungen von Leere und dem scheinbaren Schweigen Gottes macht einem bewusst, dass im Leben und daraus folgend im Kirchesein das Wesentliche nicht machbar ist. Das Gebet kann wohl geübt werden, die Leere kann fruchtbar gemacht werden, aber die Begegnung mit Gott ist unverfügbar. Gott lässt sich nicht in ein Gespräch zwingen. Aber er lädt uns in ein ewiges, liebevolles Gespräch ein.[4] Die Begegnung mit dem Geist Gottes, der uns in Gottes Nähe zieht, ist erfahrbar. Sie kann erbeten werden und sie hat das biblische Versprechen, erfüllt zu werden – und ist dennoch unverfügbar.[5] Diese Erfahrung führt dazu, vor allem wenn sie geteilt wird, dass einem immer wieder neu bewusst werden kann, dass alles Leben, auch das geistliche Leben in der Kirchgemeinde, ein Geschenk ist. Das Leben, das wir als Gemeinschaft suchen, ist

---

4 Graham Tomlin zeigt in seinem Buch «The prodigal Spirit» auf, dass die Rolle des heiligen Geistes in der Dreieinigkeit wieder neu bedacht werden muss, um die verändernde Kraft der Begegnung mit Gott und das Wissen um seine liebevolle Gegenwart im persönlichen Leben und im Leben der Kirche für die Welt fruchtbar zu machen. Siehe: Graham Tomlin, «The prodigal Spirit», Alpha International 2011.

5 Jesus verspricht denen, die Gott bitten, den heiligen Geist: «Wenn also ihr, die ihr böse seid, euren Kindern gute Gaben zu geben wisst, wie viel mehr wird der Vater den heiligen Geist vom Himmel herab denen geben, die ihn bitten.» (Lk 11,13)

1 Einleitung: Warum eine Gebetsschule?

nicht in unseren Händen, wir können es nur immer wieder neu erbitten und mit offenem Herzen empfangen.

Alles hängt von der Begegnung mit Gott und von dem Geschenk des Geistes ab. Beten ist Antwort auf das Angerührtsein durch Gottes Geist. Gott selbst schenkt sich uns, zieht uns zu sich, hinein in eine Beziehung. Er spricht uns an.

Über Gottes Geist lässt sich nicht verfügen. Er hört nicht auf Befehle, kann nicht «herbeigebetet» werden, auch nicht mit der richtigen Methode oder der richtigen Gebetstheologie. Aber die Bitte um den Geist vertraut auf Gottes Versprechen der Erhörung. Wie und wo und wann bleibt Gottes Geheimnis.

Darum ist Beten immer wieder Warten, Warten auf Pfingsten.

Darum soll der Text aus der Apostelgeschichte, der die Zeit von Auffahrt bis Pfingsten erzählt, Leitfaden und Grundlage dieser Gebetsschule sein.

1.3.2 Beten – weil Gebet unsere Erkenntnis Gottes erweitert

Beten ist nicht nur für das persönliche Wachstum im Glauben wichtig. Beten ist auch ein Herzstück des Gemeindeaufbaus, weil es das Verstehen des Glaubens vertieft. Wer geistliche Erfahrungen macht, denkt darüber nach und erkennt dadurch Neues über Gott und sich selbst. Dies geschieht durch Einsichten, die in der Auseinandersetzung mit vorformulierten Gebetstexten geschehen, aber auch in der persönlichen Suche nach eigenen Worten und Formulierungen, um im Gebet das auszudrücken, was gesagt werden will.

Wer betet, erzählt sich und Gott seine Geschichte: Betende klagen, danken, bitten um Hilfe. Sie suchen im Gebet nach Lösungen. Vielleicht erinnern sie sich dabei an biblische Geschichten, lesen diese noch einmal und verbinden sie mit ihrer eigenen Lebensgeschichte. So entsteht ein Geflecht von persönlicher Geschichte und biblischen Geschichten, das vor Gott ausgebreitet wird. Dabei weitet sich die eigene Einsicht in die grossen Fragen des Lebens. Beten verändert und schärft das Gottesbild. Und im

1 Einleitung: Warum eine Gebetsschule?

Bedenken des eigenen Lebens wird das eigene Verhalten an biblischen Massstäben gemessen und überdacht. Beten verändert das Leben. Beten schenkt klarere Sicht auf Gott, aber auch auf das eigene Leben. Solche Erkenntnisse können heilsam und lebensverändernd sein.

Verstärkt und vertieft wird der Erkenntnisgewinn des Betens, wenn über die eigenen Erfahrungen nachgedacht wird und sie weitererzählt werden. Darum gehören zu dieser Gebetsschule auch Vorschläge, wie die eigenen Gebetserfahrungen in Worte gefasst werden können. Ein Gebetstagebuch, in dem persönliche Gedanken während des Betens niedergeschrieben werden, ist dazu ein wichtiges Hilfsmittel.

1.3.3 Beten und Gemeinschaft

Der Austausch mit anderen Betenden ist eine grundlegende Herausforderung. Meine geistlichen Erfahrungen, meine Begegnungen mit Gott sind mir nicht nur geschenkt, damit sie mich selbst weiterbringen und stärken, sondern sie sind immer auch eine Gabe, die durch mich an die christliche Gemeinschaft, in der ich lebe, weitergegeben werden soll. Meine Erkenntnisse über Gott sind nicht mein persönlicher Schatz, sondern sollen geteilt werden. Sie bereichern andere, regen zum Weiterdenken an und wirken auf mich zurück, indem andere meine Erfahrungen befragen, ergänzen und erweitern. So ist das Gespräch über die gemachten Gebetserfahrungen ein wichtiger Teil des Betens, da wir im Austausch über die geistlichen Erfahrungen miteinander in der «Erkenntnis Gottes» (Römer 1,11 und 1. Thessalonicher 5,11) wachsen.

Deshalb gehören Anregungen für Gruppengespräche zu diesem Buch. Sie sollen einladen, die inneren Grenzen zu weiten und das mit anderen zu teilen, was in den persönlichen Gebetsübungen erlebt wird.

Nun ist das Reden über geistliche Erfahrungen nicht einfach und wird in unserer Kultur oft als zu privat empfunden. Gross

1 Einleitung: Warum eine Gebetsschule?

sind die Hemmungen, die dem Gespräch über geistliche Erfahrungen entgegengebracht wird.

Vielleicht hilft da die Erkenntnis, dass es kulturelle und soziologische Barrieren gibt, die aber geweitet und überstiegen werden können.[6] Das Üben hilft dabei.

Alles Tun und Mühen in der Nachfolge als Einzelne und als Gemeinde, alles Aufbauen, Erneuern und Feiern als Gemeinschaft kann nur ein Ziel haben: von Gottes Liebe und seinem Wunsch, in Beziehung zu den Menschen zu treten, zu erzählen. Gottes Zuwendung hat nicht als erstes Ziel, eine wohlige kirchliche Gemeinschaft zu schaffen. Gottes Zuwendung zielt auf das gute Leben *aller* Menschen. Auf das Leben in Fülle (vgl. Johannes 10,10).

1.4 Zum Aufbau des Buchs

Die eigentliche Gebetsschule ist in sieben Kapitel unterteilt.

Am Anfang steht ein einleitendes Kapitel, und das letzte Kapitel gibt einen Überblick über den Weg des Betenübens. Die Kapitel zwei bis acht beinhaltet jeweils einen Schritt auf einem Gebetsweg: vom Aushalten der Leere, von Erfahrungen in der Stille, von der Begegnung mit anderen und der Tradition, vom Hinaustreten aus dem «stillen Gebetskämmerlein» in die Welt.

Die Erfahrung der Jüngerinnen und Jünger an Pfingsten zeigt, dass das Gebet nicht Selbstzweck ist, sondern hinausführt ins Leben. Hinein in die Begegnung mit anderen, um das Leben und die Freude weiterzugeben, die Gott durch seinen Geist schenkt. Mit den ersten Jüngerinnen und Jüngern werden alle Nachfolgerinnen und Nachfolger Jesu zu Mitarbeitenden Gottes, die seine Liebe in die Welt tragen und am Gottesreich mitwirken.

---

6 In einem Exkurs (siehe 4.1.2) wird der Hintergrund der Zurückhaltung, die geistlichem Erfahrungsaustausch entgegengebracht wird, beleuchtet.

1 Einleitung: Warum eine Gebetsschule?

«Was von Anfang an war, was wir gehört haben, was wir mit unseren Augen gesehen haben, was wir geschaut und was unsere Hände berührt haben, das Wort des Lebens […], was wir nun gesehen und gehört haben, das verkündigen wir euch, damit auch ihr Gemeinschaft habt mit uns. Die Gemeinschaft mit uns aber ist Gemeinschaft mit dem Vater und mit seinem Sohn Jesus Christus.» (1. Johannes 1,1–3)

So beginnt der Erste Johannesbrief und beschreibt mit wenigen Sätzen, was die ersten christlichen Gemeinden geprägt hat: Sie sehen, hören und erleben das Leben, das Gott ihnen durch Jesus Christus geschenkt hat, und sie können nicht anders, als diese Erfahrung weiterzuerzählen und somit weiterzuschenken.

1.4.1 Das Warten auf Pfingsten – Schritte auf dem Weg

Was viele erleben, wenn sie sich auf das Wagnis des Betens einlassen, lässt sich anhand der Erzählungen von Auffahrt und Pfingsten nachvollziehen.

In den Tagen zwischen Auffahrt und Pfingsten, so wird es in den Evangelien und der Apostelgeschichte erzählt, erleben die Jüngerinnen und Jünger ein Wechselbad der Gefühle: die grosse Freude über die Begegnungen mit dem Auferstandenen. Und dann die Verunsicherung, als Jesus sich auf dem Ölberg von seinen Jüngerinnen und Jüngern verabschiedet, um zu seinem himmlischen Vater zurückzukehren. Natürlich war der Auferstandenen seit der Kreuzigung nicht mehr in gleicher Weise zugänglich wie zuvor, aber er erschien ihnen immer wieder: überraschend. Und dann konnten sie mit ihm ihre Fragen besprechen, er tröstete sie und bereitete sie auf die Zukunft vor.

Nach der Himmelfahrt lässt Jesus sie ziemlich ratlos zurück. «Was nun?», ist die Frage. Der Hinweis der zwei Männer in weissen Kleidern, der sie daran erinnern, dass Jesus so wiederkommen wird, wie sie ihn haben weggehen sehen, und die Aufforderung, ihren Blick nicht am Himmel festzumachen, war vermutlich

1 Einleitung: Warum eine Gebetsschule?

nur teilweise befriedigend. Und doch erinnert sie diese Weisung an die letzten Worte von Jesus, der ihnen versprach, dass sie mit dem heiligen Geist «getauft» werden. Und auch der Auftrag, den sie von ihm erhielten, kommt ihnen wieder in den Sinn: Warten auf diesen Geist sollen sie und die gute Nachricht von der Nähe und Liebe Gottes weitersagen.

Warten auf den heiligen Geist!. Wie lange sie warten müssen und wie sich der Geist zeigen wird, dazu macht Jesus keine Angaben. Warten auf etwas, von dem nicht klar ist, wie es sich äussern wird und wann es geschenkt wird: keine einfache Aufgabe. Im Obergemach, in das sich die Jüngerinnen und Jünger zurückziehen, tun sie, was sie kennen: Sie beten. Vermutlich singen und rezitieren sie miteinander altvertraute Worte aus den Psalmen und den Propheten. Sie warten. Sie hoffen. Und dann werden sie überrascht: Der Geist erfüllt sie mit grosser Freude und Mut. Es bleibt kein Platz für den Zweifel, ob es wirklich der heilige Geist ist, den Jesus ihnen versprochen hat (Apostelgeschichte 1,8). Die Auswirkungen sind für sie eindeutig: Der Geist verwandelt ihre Unsicherheit und ihr Zaudern in Mut. Sie öffnen die verschlossenen Türen und treten auf die Strasse; mitten ins Festgetümmel des Erntedankfests in Jerusalem, mitten in die Menschenmenge, die sich zu den Feierlichkeiten aus vielen Ländern versammelt hat.

Von der Leere und den Zweifeln hin zur Erfüllung mit Gottes Gegenwart, die in die Welt drängt: So lässt sich der Weg von Auffahrt zum Pfingstfest beschreiben, den die Jüngerinnen und Jünger erleben.

Diese Bewegung lässt sich als Weg des Gebets verstehen. Oft beginnt das Flehen zu Gott in der Leere und Orientierungslosigkeit: Wer bin ich? Was will ich? Wohin soll ich? Wo und wer ist Gott? Und auch wenn sich kein zu erwartender Zeitpunkt für eine Begegnung mit Gottes Geist angeben lässt und auch niemand die «richtigen» Gebete und Übungen empfehlen kann, so zeigt die Erfahrung von vielen Generationen von Nachfolgerinnen und Nachfolgern von Jesus: Gott ist treu. Wie an Pfingsten, so schenkt er immer und immer wieder seine Freude und seinen Mut. Dann öffnen sich die Türen wie von selbst, und wer sich vorher ängstlich und mutlos zurückzog, kann wieder hinaus in die Welt und seinen Weg und seine Aufgabe meistern. Identität, Sinn und Ziel klären sich.

Weil der Weg von Auffahrt nach Pfingsten viele typische Elemente des Suchens beinhaltet, beginnt jedes der folgenden Kapitel mit einem Abschnitt aus dem Pfingstbericht und einigen theologischen Gedanken zum Beten, die helfen, sich dem Thema anzunähern.

Passend zum jeweiligen Grundthema sind zu jedem Kapitel von der Künstlerin Anita Sieber Hagenbach ein Bild oder eine Fotografie einer Installation abgedruckt. Die Bilder werfen einen anderen Blick auf das jeweilige Thema. Sie laden ein zur Meditation, zum Nachdenken und Weiterdenken, und fordern immer wieder auch heraus, anders zu schauen, um neu wahrzunehmen.

1.4.2 Übungen für das persönliche Beten

Jedes Kapitel enthält in einem zweiten Abschnitt Vorschläge mit Übungen für das persönliche Gebet.

Beten ist Antwort auf Gottes Anruf. Kein Gespräch mit Gott lässt sich machen. Der «Sender» der göttlichen Anrede lässt sich nicht manipulieren oder nötigen. Aber die Bibel ist voll mit Beispielen und Versprechen, dass Gott hört und antwortet. Wir haben keine Garantie, aber die Verheissung des zugewandten und liebenden Gottes. Das kann helfen, uns vertrauensvoll Gott zu nähern. Auf unserer menschlichen Seite, der Seite der Betenden, lassen sich aber die Empfangsmöglichkeiten verbessern. Es gibt Wege, wie das Hören und Empfangen erleichtert werden kann. Es gibt Übungen, die helfen, mit Ablenkung und innerer Unruhe umzugehen. Und es gibt verschiedene Arten des Betens und Meditierens. Nicht jede spricht jeden Menschen an. Deshalb ist es sinnvoll, verschiedene Möglichkeiten kennenzulernen und auszuprobieren, um die individuell und für die Lebenssituation passende und hilfreiche Methode zu finden.

1 Einleitung: Warum eine Gebetsschule?

Da Beten auch die eigenen Glaubenseinsichten vertieft, ist es gut, wenn das Beten auch zum Nachdenken und Formulieren der eigenen Gedanken führt. Auch hierzu gibt es Anregungen, wie dies gewinnbringend geschehen kann.

1.4.3 Übungen und Vorschläge für Gruppen

Das persönliche Gespräch mit Gott, in aller Vertrautheit und persönlicher Intimität, ist der Anfangspunkt und Lebensraum jeden Betens. Dazu muss man nicht ein Leben als Einsiedler und Einsiedlerinnen führen. Viele Betende sind eingebunden in eine Gemeinde. Und damit mitverantwortlich für andere, die mit ihnen unterwegs sind auf dem Weg des Glaubens. Kirchesein heisst nicht nur zu fragen, was mir die Kirche bringt, sondern sich auch zu überlegen, wo mein Platz und wo meine Aufgabe in der Gemeinschaft des Leibes Christi ist. Und da sind meine Erfahrungen mit dem Gebet genauso gefragt wie diejenigen der anderen. Im gemeinsamen Suchen und im Erzählen und Hören von unseren Geschichten mit dem Gebet bereichern wir uns gegenseitig. Die Geschichten vertiefen sich im Gespräch und Austausch mit anderen. Meine Geschichten ergänzen die Geschichten der anderen. Erzählen eine andere Facette des Unterwegsseins mit dem Glauben.

Deshalb sind in einem dritten Abschnitt in jedem Kapitel Gestaltungsvorschläge für Gruppen zusammengestellt. Es sind Fragen und Gedanken, Ideen für gemeinsames Handeln und Erzählen, die in bestehenden oder besonders für den Austausch von Gebetserfahrungen zusammengekommenen Gruppen besprochen werden können.

1.4.4 Gebetstexte und Gedichte

Ein vierter Abschnitt enthält einige alte und neue Gebetstexte. Manchmal fällt Beterinnen und Betern das Formulieren schwer, die eigenen Worte scheinen leer, unpassend oder fehlen gänzlich.

In solchen Zeiten ist es gut, auf Traditionen zurückgreifen zu können. Texte, die andere in ähnlichen oder auch ganz anderen

1 Einleitung: Warum eine Gebetsschule?

Situationen geschrieben haben, können dem eigenen Beten wieder Worte schenken. Gerade alte Gebetstexte wie die Psalmen enthalten Erfahrungen von vielen Generationen von Menschen. Sie wurden immer und immer wieder gebetet und, noch bevor sie aufgeschrieben wurden, wurden sie weitergegeben, verändert, weitergebetet. So enthalten die Psalmen ein Konzentrat von Gebetserlebnissen, in die wir uns einreihen können, die wir mitsprechen können und in denen wir mit unseren eigenen Lebenserfahrungen aufgehoben sein können.

Auch Gedichte können das persönliche Beten anregen. So sind auch poetische Texte, die die Thematik eines Kapitels aufnehmen, in diesem Abschnitt enthalten.

1.4.5 Erfahrungsberichte

Jedes Kapitel enthält als letzten Abschnitt ein oder zwei Berichte von betenden Menschen, die ihre persönliche Geschichte (mit dem Gebet) erzählen. Es gehört zu den schönsten Geschenken, wenn Menschen ihre Erfahrungen, die ihr Leben bereichert oder gar verändert haben, weitererzählen. Im Rahmen der empirischen Forschung für die Dissertation der Autorin, die diesem Gebetbuch zugrunde liegt, haben Menschen ihre Gebetsbiografien erzählt. Aus diesen Lebensgeschichten und aus anderen Begegnungen der seelsorgerlichen Tätigkeit der Autorin als Pfarrerin stammen die Erlebnisse, die hier wiedergegeben werden. Es sind kostbare Einblicke in Erfahrungen anderer, die das eigene Beten anregen und weiterführen können. Es sind Geschichten, in die sich meine eigene Geschichte gleichsam einklinken kann und sich in die grosse Geschichte Gottes mit den Menschen einfügt. Diese Erfahrungsberichte sind keine Wundergeschichten, die die Weltgeschichte bewegt hätten. Es sind für die Betroffenen aber durchaus auch kleine und grössere Wunder, die sie erfuhren, Geschichten, die ihr Leben, wenn vielleicht nicht völlig veränderten, so doch bereicherten und auf einen sichereren Weg führten.

«Nähe» (aus der Serie «Hier»)

2 Wir sind allein – verloren in der Welt

«Als er dies gesagt hatte, wurde er vor ihren Augen emporgehoben, und eine Wolke nahm ihn auf und entzog ihn ihren Blicken.» (Apostelgeschichte 1,9)

Schon wieder sind sie verlassen. Nach der Katastrophe des Karfreitags, an dem alles, was die Jünger und Jüngerinnen Jesu hofften und was sie mit ihrem Meister und Rabbi verband, zerbrach und in Trümmern lag, verlässt Jesus sie schon wieder. Hatten sie nicht gehofft, dass jetzt doch alles gut werden würde? Ja, dass es noch besser würde, da dem Auferstandenen keine Grenzen der Präsenz gesetzt schienen? Zeit und Raum legten ihm nun keine Beschränkungen mehr auf. Wie sollten da andere Hindernisse noch zählen? Träumten die Jünger und Jüngerinnen nicht davon, dass jetzt alle Menschen den Messias erkennen würden, die Welt zum Gottesreich würde und sie mittendrin und dabei wären? Mitwirken, das wollten sie schon. Aber unter der Führung und Beratung ihres Meisters.

Und nun? Wieder sind die Jüngerinnen und Jünger allein. Ihr Rabbi und Freund Jesus kann nicht mehr jederzeit angesprochen und um Rat gebeten werden. Nicht nur Jesus ist ihrem Blick entzogen. Die Zukunft entschwindet ihrem Zugriff und wird beängstigend unklar. Wie sollen sie nun mit den Erfahrungen, die sie mit Jesus gemacht haben, umgehen? Was bedeuten alle die Worte und Geschichten, die Jesus ihnen mitgab? Und wohin führt sie die Erfahrung von Tod und Auferstehung Jesu?

Die Jünger und Jüngerinnen sind im wahrsten Sinne ratlos. Keiner ist da, der sie berät. Sie sind auf sich selbst zurückgeworfen. Zwar ist da der Schatz an Worten und Erfahrungen, den sie im Unterwegssein mit Jesus sammeln konnten, aber wie dieser

2 Wir sind allein – verloren in der Welt

Schatz nun einzusetzen und fruchtbar zu machen ist, dies scheint ihnen verborgen.

Wir sind letztlich allein in dieser Welt. Diese Erfahrung machen viele Menschen auch heute. Umgeben von Menschen, angeredet durch unzählige Worte auf verschiedensten Kanälen – und doch entschwindet die Welt immer wieder wie im konturverwischenden und verhüllenden Nebel. Sinn und Ziel des eigenen Lebens sind nicht mehr einsichtig. Noch weniger leuchten oft Sinn und Ziel des Weltlaufs ein. Gibt es überhaupt so etwas wie ein sinnvolles Weltgeschehen? Ist nicht doch alles zufällig? Ist darum jede Suche nach Sinn von vornherein zum Scheitern verurteilt?

Wie wenn Nebel die sichtbare Umgebung verschleiern und selbst die Geräusche dumpf werden lassen, so erscheint manchem und mancher die Welt stumm, verwirrend und sinnlos. Die Welt antwortet nicht. Es gibt keine Reaktion auf Fragen. Nichts schwingt mit. Man kann es Resonanzlosigkeit nennen.

Der Soziologe Hartmut Rosa beschreibt diese Erfahrung des Verstummens der Welt eindrücklich in seinem Buch «Resonanz. Eine Soziologie der Weltbeziehung».[7] Grundsätzlich ist unser Bezug zur Welt auf Resonanz angelegt. In vielfältigen Beziehungen zu Menschen, zu Tieren, zur Natur, aber auch zu Dingen und Ereignissen treten wir in Kontakt, stellen infrage, werden infrage gestellt und erhalten und geben Antwort. Erfüllte Beziehungen und sinnvolles Leben basieren auf solchen Resonanzerfahrungen. Das Erleben von Resonanz – dass ich erfahre, dass ich nicht alleine bin, sondern Antwort aus der mich umgebenden Welt zurückklingt – schafft Beheimatung und schenkt das Gefühl von Verbundenheit mit der umgebenden Welt. Auch Naturerlebnisse

---

[7] Hartmut Rosa, «Resonanz. Eine Soziologie der Weltbeziehung», Suhrkamp Verlag ^{5}2019. Rosa zeigt eindrücklich das Verstummen der Welt und auch Gründe auf, die dazu führen, dass die Antwortbeziehung zur Umwelt nicht mehr in Resonanz mitschwingt.

2 Wir sind allein – verloren in der Welt

können deshalb als beglückend und sinnstiftend erfahren werden, weil meine Umgebung mir «antwortet», ich mich als Teil eines viel grösseren Ganzen erfahre. Erst recht gilt dies für Erfahrungen mit der unsichtbaren, spirituellen Welt. Geheimnisvoll und erfüllend «spricht» mich «etwas» oder «jemand» an und stellt mich in einen Kontext, der weit über diese erfahrbare Welt hinausgeht. Menschsein heisst, in vielfältigen Beziehungen zu anderen Menschen, zur Natur, zu Dingen und zu Gott mitzuschwingen, mitzuklingen. Darin wird Sinn und Ziel des eigenen Daseins erfahren: Es gibt mehr als meinen kleinen Alltag, ich bin in einen grösseren Sinnzusammenhang hineingestellt als meine kleinen Aufgaben, meine kleine Existenz vermuten lassen. Damit erhält mein Leben Bedeutung.

Wenn nun diese Resonanzerfahrung verstummt und die Welt um mich im Nebel versinkt und still wird, dann stellt sich die Frage nach dem Sinn und Ziel der eigenen Existenz. Wohin geht mein Weg? Wozu bin ich da? Was ist meine Aufgabe? Wer bin ich?

Die Jüngerinnen und Jünger, so wird erzählt, bleiben nach der Himmelfahrt Jesu entsetzt stehen und blicken in den Himmel, dem entschwundenen Jesus nach. Die Engel holen sie aus ihrer Erstarrung und konfrontieren sie mit der Realität: Jesus ist jetzt weg. Er kommt zwar wieder, aber jetzt ist er weg. Damit weisen sie die ratlosen Männer und Frauen darauf hin, dass sie jetzt dran sind: «Schaut dieser Tatsache ins Auge, statt versteinert in den Himmel zu schauen, in der Hoffnung, der entschwundene Ratgeber werde gleich zurückkommen.» Allerdings geht es nicht darum, nun in wilden Aktivismus zu verfallen. Denn schon Jesus hat seinen Jüngern beim letzten gemeinsamen Mahl den simplen Auftrag gegeben zu warten (Apostelgeschichte 1,4). Zu warten und die Situation zu erfassen und zu verstehen.

So geht es auch in unseren heutigen Erfahrungen von Ratlosigkeit und Hilflosigkeit immer wieder zuerst darum, den Blick auf die Realität zu lenken und diese zu akzeptieren. Der erstarrte Blick in den vermeintlich leeren Himmel führt nicht weiter. Denn

2 Wir sind allein – verloren in der Welt

wenn die Welt zu verstummen scheint und der Himmel Antworten schuldig bleibt, bringt weder Schockstarre etwas zum Klingen, noch können durch Aktivismus Antworten erzwungen werden. Zuerst gilt es, die Situation der Resonanzlosigkeit zu akzeptieren und auszuhalten.

Und zu trauern. Ohne die Leere sofort mit Geschäftigkeit zu füllen. Wie leicht ist es, einen Weg zu finden, um mit Betriebsamkeit unangenehme Gefühle zuzudecken. Unzählige Angebote zur Ablenkung stehen zur Verfügung. Ständig ist es möglich, andere Menschen zu treffen, mit ihnen zu kommunizieren, etwas Spannendes zu erleben, Neues zu erfahren. Und es ist zu vermuten, dass viele Formen der unablässigen Betriebsamkeit der Angst vor der Leere und dem Verstummen geschuldet sind. Es ist schwer, die leere Stille auszuhalten.

Aber es ist vermutlich der verheissungsvollste Weg, auf dem die eigene Seele wieder neu zum Hören und zum Klingen kommen kann.

Auch das Beten beginnt oft in der Leere und mit der Erfahrung, dass Gott zu schweigen scheint. Beten kann und darf, um zu einem echten Gespräch zu werden, diese Leere nicht überspringen, sie nicht mit schönen Worten – und seien sie noch so biblisch und spirituell formuliert – füllen. Wer es wagt, die Leere auszuhalten, dem eröffnet sich die Möglichkeit und dem gilt das Versprechen, die Pfingsterfahrung der Jüngerinnen und Jünger zu teilen: Die Leere kann sich in Stille verwandeln. Die Stille kann zu klingen beginnen.

2.1 Die Leere aushalten, um Stille zu finden

Wem sich das Gefühl der Gottferne aufdrängt und die Welt stumm wird, der ist gut beraten, dieses Gefühl nicht zu überspringen und nicht vorschnell zu füllen.

Natürlich ist das Gefühl der Leere kein angenehmes Gefühl. Man fühlt sich in solchen Momenten orientierungslos, kraftlos

2 Wir sind allein – verloren in der Welt

und ohne Hoffnung. In solchen Zeiten scheint die Zukunft oft wenig aussichtsreich und die eigenen Möglichkeiten zum Handeln gering oder gar inexistent. Darum sind Angebote, die Leere mit Geschäftigkeit oder Ablenkung zu füllen, sehr verlockend. Statt die Leere und das Gefühl der Sinnlosigkeit auszuhalten, erledige ich vielleicht Punkte einer To-do-Liste oder lenke mich mit lustiger Zerstreuung, die ein elektronisches Gerät mir bietet, von nagenden Gedanken ab.

Momentane Verstimmungen, die nicht mit einer tiefen Sinnkrise einhergehen, sind Möglichkeiten. Möglichkeiten, die nicht zu schnell mit Ablenkung vertan werden sollten. Denn:

Leere enthält das Versprechen, dass sie gefüllt werden kann. Nur, wo etwas leer ist, ist es auch möglich, etwas Neues, Frisches einzufüllen.

Leere ist die Einladung, nach einem Inhalt zu suchen. Sich Inhalt schenken zu lassen.

Vielleicht kann ein neues Verständnis von Leere helfen, das unangenehme Gefühl von Belastung und Zukunftslosigkeit zu sprengen. Vielleicht kann das Bild, dass meine Leere wie ein Gefäss ist, in das neuer Inhalt hineinfliessen kann, die Tür öffnen, dass die Leere ausgehalten werden kann.

Und dann kann es geschehen, dass die Leere sich verwandelt. Nicht direkt in Freude. Aber vielleicht zuerst einmal in eine innere Ruhe. In Stille.

Es klingt noch nicht – aber es ist nicht mehr nur leer und dumpf und düster.

Es ist still.

Allerdings ist selbst Stille für viele kaum zu ertragen. Der Lärm überdeckt oft Stimmen, die vielleicht gar nicht gehört werden wollen. Gedanken, Erinnerungen, Bilder und Gefühle, denen man sich lieber nicht widmen möchte und die man gerne überhört im Lärm des Alltags.

Vielleicht muss auch Stille zuerst ertragen werden, bevor sie als wohltuend und ruhig erfahren werden kann.

2 Wir sind allein – verloren in der Welt

2.2 Einzelübungen zum Stillwerden

Das innere Stillwerden kann geübt werden. Dass dazu mehr gehört, als keine Worte von sich zu geben, ist einleuchtend. Wie aber die inneren Worte und Bilder zur Ruhe kommen können, ist oft alles andere als einfach. Man kann den eigenen Gedanken ja nicht gebieten, einfach nicht mehr zu denken. Und oft ist das angestrengte Bemühen, das Gedankenkarussell anzuhalten, die einfachste Methode, es zu beschleunigen. Nicht an die nächsten Aufgaben denken zu wollen, ruft diese erst recht ins Gedächtnis. Deshalb folgen in diesem Abschnitt ein paar Übungsvorschläge, wie die innere Stille eingeübt werden kann.

Was für diese Übungen gilt, gilt für alle Übungen, die in den weiteren Kapiteln folgen:

Übungen sind Übungen – keine Prüfungen, keine Wettkämpfe und keine Stufen einer Karriereleiter. Wer übt, trainiert eine Fähigkeit, um «gelenkiger» zu werden, um gewisse Bewegungsabläufe besser und sicherer zu meistern. Geistliche Übungen sind aber keine olympischen Disziplinen und kein Leistungssport. Im geistlichen Leben sind diejenigen die «Meister» und «Meisterinnen», die wissen, dass sie immer Suchende bleiben, dass es menschlich ist, immer und immer wieder vor den grossen Fragen des Seins zu stehen. Geistliche «Könnerinnen» und «Könner» wissen zutiefst, dass jede Begegnung mit Gott ein Geschenk ist und keinerlei Können und auch keine Meisterschaft in irgendeiner geistlichen Disziplin erfordert.

Die Übungen müssen nicht lange dauern. Und doch ist es gut, wenn es möglich ist, sich etwa eine halbe Stunde Zeit einzuplanen, auch wenn dann nur wenige Minuten davon für die Übungen genützt werden. Wenn innerlich die tickende Uhr drängt, doch noch schnell eine Übung erfolgreich zu absolvieren, ist es schwer, auch nur schon die äussere Ruhe zu finden. Geistliche Übungen brauchen Zeit und Raum. Diese darf man sich gönnen.

2 Wir sind allein – verloren in der Welt

2.2.1 Aushalten, dass die Gedanken leer sind, kreisen, abschweifen

Wähle einen Zeitpunkt, an dem du erwarten kannst, dass in der nächsten halben Stunde keine Störung eintritt. Suche einen Ort, an dem die äusseren Bedingungen gegeben sind, um ruhig zu werden. Keine Musik, keine Klingeltöne und keine bewegten Bilder, die ablenken.

Diese Übung kann dir helfen, zur Stille zu finden:

 Ich setze oder knie mich hin.
Bequem auf einen Stuhl.
Mit einer Gebetsbank oder auf einem Meditationskissen am Boden.
Gefaltete oder ineinandergelegte Hände helfen, sich zu zentrieren.
Geschlossene Augen lenken die Konzentration nach innen.
Ich werde still.
Jeden Gedanken, der auftaucht, nehme ich wahr, anerkenne seine Existenz und schicke ihn an mir vorbei weiter auf seinem Weg.
Bemerke ich, dass mich ein Gedanke gefangen nimmt, so nehme ich auch diesen wahr, anerkenne ihn und schicke ihn weiter.
Drängt sich eine immer gleiche Sorge oder ein Gedanke wiederkehrend in meine Aufmerksamkeit, kann ich dieser Sorge oder diesem Gedanken so viel Anerkennung geben, dass ich ihn kurz notiere und dann die Notiz weglege und wieder zur Ruhe zurückkehre.
Ich mache nichts anderes, erwarte nichts anderes, als dass die Gedanken langsamer werden und weniger abschweifen.
Ich schliesse die Übung mit einem kurzen Gebet ab. ⎯⎯⎯

2.2.2 Den Körper wahrnehmen

Wir sind Körper, Geist und Seele. Darum kann die Konzentration auf den Körper auch der Seele und dem Geist mit der folgenden Übung zur Ruhe verhelfen.

 Ich setze oder knie mich hin.
Bequem auf einen Stuhl.
Mit einer Gebetsbank oder auf einem Meditationskissen am Boden.
Gefaltete oder ineinandergelegte Hände helfen, sich zu zentrieren.

2 Wir sind allein – verloren in der Welt

Geschlossene Augen lenken die Konzentration nach innen.
Ich werde still.
Ich konzentriere mich darauf, meinen Atem wahrzunehmen.
Ich verändere nichts. Ich nehme nur wahr, wie die Atemluft meine Lunge füllt, dort bleibt und wieder ausströmt.
Ich nehme wahr, wie mein Körper Kontakt hat mit dem Boden bzw. dem Stuhl. Die Erde trägt mich, hält mein ganzes Gewicht.
Dann gehe ich mit innerer Aufmerksamkeit durch meinen ganzen Körper: von den Fusssohlen über den Rücken bis zum Scheitel und wieder hinunter bis zur Mitte, dem Schwerpunkt und Zentrum meines körperlichen Seins, dem Becken.
Ich lasse mir Zeit, meinen ganzen Körper, Glied um Glied, wahrzunehmen.
Wenn ich Verspannungen spüre, atme ich in Gedanken in die verhärteten Muskeln.
Am Schluss bin ich einfach da.
Ich, mit allem, was zu mir gehört: Körper, Seele und Geist.
Ich bin da – vor Gott.
Ich schliesse die Übung mit einem kurzen Gebet ab.

2.2.3 Jesusgebet

Die im Folgenden vorgeschlagene Übung beruht auf dem sogenannten Jesusgebet, auch Herzensgebet genannt, das in den orthodoxen Kirchen verbreitet ist. Emmanuel Jungclaussen hat diese Tradition in seiner Übersetzung der «Aufrichtigen Erzählungen eines russischen Pilgers» für den deutschsprachigen Kulturraum neu zugänglich gemacht.[8] Das eigentliche Jesusgebet bedarf einer intensiven und hingebungsvollen Übung. Für unsere Absicht, der Suche nach der inneren Stille, ist der Grundgedanke hilfreich, die kreisenden Gedanken durch gezielte, innerlich ständig wiederholte Worte zur Stille zu bringen.

---

[8] Emmanuel Junglaussen (Hg.), «Aufrichtige Erzählungen eines russischen Pilgers», Verlag Herder, Freiburg i. Br., 20. Auflage 2020.

2 Wir sind allein – verloren in der Welt

⮑ Ich setze oder knie mich hin.
Bequem auf einen Stuhl.
Mit einer Gebetsbank oder einem Meditationskissen am Boden.
Gefaltete oder ineinandergelegte Hände helfen, sich zu zentrieren.
Geschlossene Augen lenken die Konzentration nach innen.
Ich werde still.
Ich nehme meinen Atem wahr.
Wie die Luft in meine Lunge fliesst.
Dort einen Moment verweilt.
Wie die Atemluft wieder ausströmt.
Dann beginne ich zu beten.
Still oder hörbar zum Einatmen: Jesus Christus.
Beim Ausatmen: Erbarme dich meiner.
Jesus Christus,
erbarme dich meiner.
Ich bete so lange, bis ich in die Ruhe eintauche und Gebet und Atem ineinander verschmelzen. ⮐

2.3 Übungen für das Gespräch in der Gruppe

Das gemeinsame Gespräch über Erfahrungen mit dem Gebet vertieft diese und erweitert das eigene Verständnis des Gebets und von Glaubenseinsichten. Durch das Erzählen der eigenen Geschichte wird mir selbst meine Geschichte bewusster und oft auch klarer. Im Beantworten von Fragen der anderen erkläre ich auch mir selbst mein Leben und meinen Glauben.

Damit das Gespräch in der Gruppe gelingen kann, ist es wichtig, dass zuerst eine Atmosphäre des Vertrauens geschaffen wird.

2.3.1 Exkurs 1: Sicherheit und Vertrauen schaffen

In unserem kulturellen Kontext ist es für viele schwierig, über eigene Glaubenserfahrungen zu sprechen. Spirituelle Erfahrungen gelten als äusserst intime Erlebnisse, und manche fürchten, sich mit dem Erzählten lächerlich zu machen oder nicht verstanden zu werden. Deshalb ist es besonders wichtig, dass in der

2 Wir sind allein – verloren in der Welt

Gruppe zuerst ein Fundament von Sicherheit und Vertrauen gelegt wird. Nur wenn sich alle Teilnehmenden sicher fühlen können, öffnen sie sich auch und teilen ihren inneren Reichtum. Es gibt verschiedene Möglichkeiten, an diesem Fundament des Vertrauens zu bauen.

Wenn die Gruppenleitung den anderen Einblick in ihr inneres Erleben gibt und von ihren eigenen Erfahrungen, dem eigenen Scheitern und den eigenen Unsicherheiten und Fragen erzählt, setzt dies einen Massstab fürs Gruppengeschehen: So darf ich sein!

Es kann helfen, in einer ersten Zusammenkunft gemeinsam zu entdecken und sich darüber auszutauschen, wo und wann sich die Einzelnen in Gruppen wohl und sicher gefühlt haben. Was war damals wichtig? Was half, sich zu öffnen und sich gegenseitig zu vertrauen?

Gemeinsam können Grundsätze für ein gutes Zusammensein erarbeitet werden. Was ist uns als Gruppe wichtig für den Umgang miteinander?

Solch ein Prozess macht die gemeinsame Basis bewusst, stärkt das Vertrauen ineinander und hilft, dass sich alle für das Gruppenklima mitverantwortlich fühlen.

2.3.2 Meine Vorstellungen von Gebet

Wenn im Gebet Leere und Abwesenheit Gottes erfahren wird, kann dies auch mit den Erwartungen an das Gebet zu tun haben. Wenn man bestimmte Gefühle der Erfüllung und Präsenz Gottes erwartet und die sich in der momentanen Lebensphase nicht einstellen, kann es zu Enttäuschungen und Mutlosigkeit kommen.

Erwartungen werden oft von inneren Bildern, Erzählungen anderer, Gelesenem und Gelerntem genährt. Darum kann es helfen, den Wurzeln der eigenen Vorstellungen von Gebet in der folgenden Übung auf die Spur zu kommen.

2 Wir sind allein – verloren in der Welt

⊃ Die Gruppe sitzt in einem Stuhlkreis, um gut miteinander ins Gespräch zu kommen.

Einleitung: Die Leiterin oder der Leiter führt das Thema des Gruppentreffens ein: die eigenen Erwartungen an ein «richtiges» Gebet. Hilfreich ist es, wenn die Leitung mit einem persönlichen Beispiel den Boden bereitet, um in Offenheit über die je eigenen Vorstellungen von Gebet zu sprechen. Als Anknüpfungspunkte bieten sich Aussagen zum Gebet an, die in der Mitte bereit liegen.

Im Plenum: In der Mitte liegen Blätter auf dem Boden, auf denen einzelne Aussagen zum Gebet als Thesen formuliert sind.
Beispiele:
- Gott beginnt jedes Gebet.
- Zum Beten muss ich in der richtigen Stimmung sein.
- Gott hört jedes Gebet.
- Gott hört nur die richtigen Gebete.
- Wenn ich Gott nicht spüre, ist er nicht da.
- Gott ist zu gross, er kann gar nicht mit menschlichen Gefühlen erfahren werden.
- Gebet ist Selbstgespräch.
- Gebet ist immer Gespräch, auch wenn ich Gott nicht höre.

Die Teilnehmenden werden eingeladen, sich zu überlegen, wie sie zu den einzelnen, z. T. provokativen Aussagen stehen. Sie sollen sich diejenige auswählen, die sie im Moment am meisten anspricht, sei es, dass sie sie am meisten ärgert oder am ehesten mit den eigenen Ansichten übereinstimmt.

Zu zweit: In Zweiergruppen werden die gewählten Aussagen besprochen. Warum spricht mich dieser Satz an? Woran erinnert er mich? Wie würde ich die Aussage ergänzen oder umformulieren?

Im Plenum: Anschliessend teilt jede Gruppe im Plenum ein oder zwei Highlights aus dem Zweiergespräch mit den anderen.
Miteinander wird dann darüber nachgedachte, was helfen kann, wenn sich die eigenen Erwartungen an das Gebet nicht erfüllen. Wie können die eigenen Vorstellungen geweitet und ergänzt werden?

Abschluss: Ein gemeinsames Gebet oder ein Lied kann die Gesprächsrunde abschliessen. ———————————

2 Wir sind allein – verloren in der Welt

2.3.3 Die Leere und Gottes Schweigen aushalten

Es ist nicht leicht, Erfahrungen der Leere und des Schweigens Gottes auszuhalten und sich darüber auszutauschen. Die folgende Übung in der Gruppe kann dazu anregen:

> Die Gruppe sitzt in einem Stuhlkreis. Die Mitte ist leer.
> **Einleitung:** Die Leiterin oder der Leiter macht einen Input zum Thema «Leere». Evtl. kann der Lao Tse zugeschriebene Text «Das Sein des Nichts» als Grundlage dienen (vgl. 2.4.).
> **Im Plenum:** Gemeinsam wird frei zum Begriff «Leere» assoziiert. Evtl. kann dazu die Methode «stummes Gespräch» hilfreich sein. Dazu wird in die Mitte eines grossen Papiers der Begriff «Leere» geschrieben. Alle Teilnehmenden werden nun aufgefordert, schweigend ihre Gedanken zum Begriff oder zu den schriftlichen Aussagen anderer auf das Blatt zu schreiben, bis der Schreibfluss versiegt.
> Anschliessend wird das Blatt mit dem stummen Gespräch gemeinsam betrachtet und als Grundlage für den Gedankenaustausch (nicht mehr stumm!) genommen. Es kann gemeinsam festgehalten werden, ob und wie sich der Begriff «Leere» in seiner Bedeutung geweitet hat. Welcher Aspekt ist beunruhigend? Was daran ist bereichernd? Kann davon etwas in die persönlichen Gebetszeiten, die leer zu sein scheinen, mitgenommen werden?
> **Abschluss:** Ein gemeinsames Gebet oder ein Lied kann die Gesprächsrunde abschliessen.

2.4 Texte

Das Sein des Nichts

Dreissig Speichen treffen die Nabe,
die Leere dazwischen macht das Rad.
Lehm formt der Töpfer zu Gefässen,
die Leere darinnen macht das Gefäss.
Fenster und Türen bricht man in Mauern,
die Leere damitten macht die Behausung.

2 Wir sind allein – verloren in der Welt

Das Sichtbare bildet die Form eines Werkes,
das Nicht-Sichtbare macht seinen Wert aus.
    Lao Tse zugeschrieben

Raum der Stille
Im innersten Raum der Stille
durchbrichst du die Nacht

Liebe erglüht
Leben erwacht
Hoffnung erblüht

aus dem innersten Raum
der Nacht
    Maja Peter

genug
was genug heisst
haben wir schon längst vergessen

was Zuwenig heisst
wollen wir niemals erfahren

was Zuviel heisst
können wir nicht mehr erkennen

mit dem Zuviel
bannen wir die Angst vor dem Zuwenig

nur im Zuviel
erleben wir noch das Genug

und das Genug
wird schon gefürchtet als Zuwenig

immer mehr heisst
die Bestie die wir nähren
    Karin Petersen

2 Wir sind allein – verloren in der Welt

Hier bin ich, Gott, vor dir
Hier bin ich,
Gott, vor dir.
So wie ich bin.
Ich öffne mich deiner Nähe.
Deine Lebenskraft fliesst in mir,
mein Atem,
der mich trägt und weitet ...
Lass Ruhe in mich einkehren ...
    Andrea Felsenstein

Wie lange, HERR!
Wie lange, HERR! Willst du mich ganz vergessen?
Wie lange verbirgst du dein Angesicht vor mir?
Wie lange soll ich Sorgen tragen in meiner Seele,
Kummer in meinem Herzen, Tag für Tag?
Wie lange noch soll mein Feind sich über mich erheben?
Sieh mich an, erhöre mich, HERR, mein Gott.
Mache meine Augen hell, damit ich nicht zum Tod entschlafe,
damit mein Feind nicht sage: Ich habe ihn überwältigt,
meine Gegner nicht jauchzen, dass ich wanke.
Ich aber vertraue auf deine Güte,
über deine Hilfe jauchze mein Herz.
Singen will ich dem HERRN,
denn er hat mir Gutes getan.
    Psalm 13,2–6

2.5 Erfahrungsbericht

Wüstenwanderung
Der Bericht ist von einer Frau, die in der Lebensmitte zurücksieht auf eine Krise, die sie mit ca. dreissig Jahren durchlitten hat. Als kirchliche Mitarbeiterin war sie zwar ständig mit Glau-

2 Wir sind allein – verloren in der Welt

bensfragen konfrontiert, doch der Glaube erschien ihr nun leer und sinnlos. Die Erfahrung der radikalen Gottesferne erlebte sie im Rückblick als Festigung ihres Glaubens.

«Nachdem eine langjährige Beziehung in Brüche gegangen war, kam mir das Leben grau und öd entgegen. Wüstenzeit. Zukunftspläne hatten sich zerschlagen, Wünsche schienen unnötig, da sie sowieso nicht wahr wurden. Der Alltag bestand daraus, möglichst gut zu funktionieren. Der Rest war Müdigkeit, Erschöpfung. Die Verankerung im Glauben, die sich vorher stark und unerschütterlich angefühlt hatte, schien sich pulverisiert zu haben. Gott? Existiert er überhaupt? Und wenn ja: Hat er irgendetwas mit mir zu tun? Interessiert es ihn überhaupt, wer und wo ich bin?

Lieder mit guten Inhalten, eigentlich Gebete, trugen mich in dieser Zeit, irgendwie. Waren Balsam auf meiner wunden Seele. Ich versuchte, mir ein Leben ohne Glauben vorzustellen. Was mir nicht gelang. Und ich fing an, regelmässig Psalmen zu meditieren. Sie kamen mir vor wie Stroh: trocken, stechend, unbiegsam und doch nährend. Irgendwie blieb ich dran. Kaute weiterhin Stroh. Und fast unmerklich begann sich der Nebel zu lichten. Hielt das Gefühl, doch getragen zu sein, nach dem Gebet oder dem Hören von Liedern länger an. Irgendwann beschloss ich, doch mit diesem Gott der Bibel weiter unterwegs zu sein. Auch weil ich nichts Besseres wusste.

Jahre später kann ich sagen, dass diese Wüstenwanderung meinen Glauben gestärkt hat. Mein Glaube hat viel von seiner Einfachheit und Kindlichkeit verloren. Hat etwas von Fels und Stein erhalten. Vielleicht ist er stärker. Ich möchte nicht, dass er nochmals derart getestet wird. Aber ich bin froh, dass diese Erfahrung zu mir gehört. Sie hat mich gestärkt.»

«Le grand voyage»

3 Im Obergemach – wertvolle Erinnerungen

«Da kehrten sie vom Ölberg nach Jerusalem zurück; dieser lieg nahe bei Jerusalem, nur einen Sabbatweg weit weg. Und als sie in die Stadt kamen, gingen sie in das Obergemach, wo sie sich aufzuhalten pflegten.» (Apostelgeschichte 1,12–13)

Von Jesus, ihrem Meister, erneut verlassen, gehen die Jünger und Jüngerinnen in ihrer Ratlosigkeit zuerst einmal dorthin zurück, wo sie sich auch sonst aufhielten. Was jetzt kommen soll, ist völlig offen. Wie sie ihr Leben neu ausrichten sollen, ist unklar. Und wie sie ihre Erfahrungen mit dem gekreuzigten und auferstandenen Jesus einordnen sollen, durchschauen sie auch nicht. Als Verlassene und Ratlose suchen sie den Ort auf, wo sie Bekanntes finden. Nicht weit weg. Nur eine kurze Distanz vom Ölberg. Hier ist ihnen der Raum bekannt. Hierhin ziehen sie sich zurück, um nicht als Nachfolgende des Gekreuzigten selbst in die Mühlen der Justiz zu geraten. In Jerusalem ist Jesus ihnen in den Tagen nach Ostern immer wieder begegnet. Hier sind sie nicht alleine, sondern in vertrauter Gemeinschaft.

Sie sind ratlos und betrauern den Verlust ihres Freunds und Meisters. Aber sie bleiben nicht auf dem Berg des Abschieds. Sie verharren nicht mit fragendem, vielleicht verzweifeltem Blick in den Himmel. Sie machen sich auf. Zurück in die Stadt, die sie kennen, zurück an den Ort, der ihnen vertraut ist.

Sie wissen nicht, wie es weitergeht. Sie erinnern sich aber an tragende Erfahrungen. Und suchen dort, wo sie bereits Hilfe und Weisung erhalten haben.

3 Im Obergemach – wertvolle Erinnerungen

3.1 Rückzug und Anknüpfen an guten Erfahrungen

Wer sich mit Leere und Ratlosigkeit konfrontiert sieht, ist – wie wir im letzten Kapitel zeigen konnten – gut beraten, dies nicht zu überspielen und mit Geschäftigkeit zu überdecken. Die Jünger gehen nicht zurück in die Stadt, um sich wieder ihren angestammten Aufgaben und Berufen zu widmen. Sie eilen auch nicht zu den Schriftkundigen und Gelehrten, um von ihnen mit Ratschlägen und Erklärungen eingedeckt zu werden.

Sie ziehen sich zurück. Sie gehen dorthin, wo sie die letzten Begegnungen mit Jesus hatten.

Rückzug und Innehalten statt Geschäftigkeit. Dies ist in Momenten der Leere und in den Erfahrungen der Gottferne oftmals hilfreich.

Es ist gut, sich einzugestehen, dass da Leere ist. Es ist gut, der Erfahrung, dass Gott weit entfernt scheint, Worte zu geben: «Gott spricht nicht (mehr)! Gott hört mich nicht! Ich kann nicht beten!» Aber an einer unwegsamen Stelle stehenzubleiben, führt nicht nur bei einer Wanderung nicht ans Ziel. Auch auf der Lebenswanderung findet sich ein Ausweg nur, wenn wir weitergehen, weitersuchen und uns aufmachen und nach gangbaren Wegen suchen.

Sich zurückziehen und den Anknüpfungspunkt suchen.

Sich erinnern, an die Momente, in denen Gott nahe schien. Zurückkehren, dorthin, wo ich ihm schon einmal nahe war. Oder dorthin, wo ich weiss, dass andere ihn suchten und ihm begegneten. Sich erinnern an die Momente, in denen für mich Resonanz erfahrbar, die Verbundenheit mit dem Kosmos spürbar war. Die Erinnerungen hervorsuchen, in denen das Glück und die Freude mich überraschten und erfüllten.[9]

---

[9] C.S. Lewis beschreibt in seiner Autobiografie «Überrascht von Freude», wie ihn als erklärten Atheisten die Erfahrungen von überwältigender Freude, die sich überraschend einstellten, zur Suche nach Gott brachten.

3 Im Obergemach – wertvolle Erinnerungen

Konkret bedeutet das: Ich mache mich auf und suche in meiner Lebensgeschichte nach Momenten, in denen ich Verbundenheit und Freude erfahren habe. Wenn ich Gottesbegegnungen kenne, dann kann ich mich wieder an diese Situationen erinnern, in denen Gott mir erfahrbar nahekam.

Was war besonders an diesen Momenten? Was kann ich in meiner Erinnerung davon wieder wachrufen? Natürlich lassen sich vergangene Gottesbegegnungen nicht einfach wiederholen. Aber auf manches, das uns einmal wichtig und kostbar war, legt sich im Lauf der Zeit der Staub und Schutt des Alltags. Gerade geistliche, spirituelle Erfahrungen gelten, je nach Umfeld, in unserer Kultur nur wenig. Dann bewahren wir sie vielleicht selbst lieber in einer schattigen Erinnerungskammer auf. Nicht selten gehen sie dort dann vergessen.

In Momenten der geistlichen Ratlosigkeit ist es hilfreich, die inneren Erinnerungsorte zu durchforsten, an die angeknüpft werden kann. Manchmal liegen diese geschenkten Erfahrungen brach und warten nur darauf, dass sie hervorgeholt werden und neu eine Rolle in unserem Leben spielen können.

Manche spirituelle Erfahrungen tragen ein unscheinbares Kleid, passen vielleicht nicht in das von mir erwartete Schema, wie eine spirituelle Erfahrung auszusehen hat. Oder sie passen nicht in die Vorstellung, die andere von geistlichen Erlebnissen haben. Vielleicht sind sie ganz weltlich oder tragen einen fremden, nicht christlichen Namen. Für mich waren sie aber Erfahrungen, in denen ich eine Berührung mit dem Anderen, dem Grösseren, spürte.

Dabei geht es nicht darum, in Nostalgie zu schwelgen: «Ach, damals war ich Gott so nahe, das Beten machte mir Freude, und ich hatte keine Zweifel.» Oder: «Damals fühlte ich mich so verbunden mit allen Kräften des Lebens, alles schien zu leben und war mir zugewandt.» Erinnerungen, die wie Fotos einer verblassten jugendlichen Schönheit hervorgeholt werden, führen oft zu wehmütigem Seufzen. Ziel ist es aber, in vergangenen

3 Im Obergemach – wertvolle Erinnerungen

Erfahrungen Lösungsmöglichkeiten für die jetzige Situation zu entdecken.

Das können geistliche Praktiken sein, die im Lauf der Zeit eingeschlafen und vergessen gegangen sind und die durch die Erinnerung wieder Lust entstehen lassen, sie neu zu füllen. Zurückschauen kann auch Dankbarkeit wecken: So oft schon bin ich Gott nahe gewesen. So oft kann ich im Rückblick seine gute Hand in meinem Leben entdecken. So oft habe ich ihn zwar gespürt, aber nicht erkannt. Auch wenn ich mich jetzt ratlos und leer fühle, Gott hat in meinem Leben Spuren hinterlassen. Diese Einsicht kann Mut, Hoffnung und Zuversicht wecken, dass Gott nicht fernbleiben wird.

3.2 Einzelübungen zur Erinnerung von geistlichen Schätzen

Manchmal tauchen Erinnerungen ungefragt und beglückend auf und zaubern mir ein Lächeln ins Gesicht.

Wenn dies geschieht, ist das wunderbar.

Viele Erinnerungen kommen mir einfach in den Sinn. Ausgelöst durch Gerüche, Bilder oder Worte, die ich höre oder lese. Erinnerungen können aber auch aktiv gesucht und gepflegt werden. Einer Schatzsuche vergleichbar. Viele Geschichten sind in unserem Gedächtnis aufbewahrt. Es sind die Geschichten, die mich ausmachen, die meine ganz persönliche Geschichte bilden. Hier finde ich, woher ich komme, was mich zu der Person formte, die ich heute bin. Wie und was wir erinnern, ist durchaus nicht immer faktenbasiert. Vielleicht war manches objektiv sogar anders, als wir es im Rückblick sehen und verstehen. Der Realitätsanspruch ist zwar für eine akkurate Geschichtsschreibung wichtig, nicht aber für unser Selbstverständnis. Wichtig ist, dass ich mir meine Geschichte erzählen kann. Dass sie für mich bedeutungsvoll ist und mir mein Leben erklärt. Es geht bei der Suche nach meinem Lebenssinn, nach meinen Quellen und meinen Lebenszielen nicht um eine juristische Beweisführung. Ich muss keiner Richterin erklären, was sich genau zugetragen hat in meinem Leben. Mein Ziel ist, mir mein Leben zu erzählen, damit ich mich selber besser verstehen kann. Beim Erzählen gruppieren und verbinden wir die Ereignisse immer wieder neu, je nachdem, wonach wir suchen. Dabei erinnern wir uns an neue Details, verbinden sie unter Umständen mit Geschichten, die wir gehört oder gelesen haben, auch mit biblischen Geschichten. So entstehen immer neue Geflechte von Geschichten, die uns unser Leben in seinem Reichtum und seiner erlebten und erlittenen Vielfalt erklären.

Wahrhaftig ein Schatz, den es zu bestaunen gilt!

In der Schatzkammer meiner Lebensgeschichte gilt es nun, die Geschichten zu finden, an die ich bei meiner Suche nach geistlichem Wachstum anknüpfen kann. Mein Beten kann auch in der Rückschau auf mein Leben beginnen, sogar wenn ich meine, bisher kein ausgeprägt spirituelles Leben geführt zu haben.

3.2.1 Meine Glaubensbiografie – meine spirituellen Erfahrungen

Sich selber Rechenschaft abzulegen, wie und wo ich mit dem Glauben in Berührung gekommen bin, hilft, die eigene Glaubenssicht besser einordnen zu können. Alle Brüche und Enttäuschungen, die ich mit Gott und anderen Menschen im Blick auf meinen Glauben erlebt habe, prägen mich, wie ich heute glaube, zweifle, bete und über Glaubensgrundsätze denke.

Gute Erfahrungen mit anderen Glaubenden, mit Gott und den heiligen Schriften, können noch heute zu einer Ressource werden, die mir weiterhilft auf meiner Suche.

Schlechte Erfahrungen und Vorurteile dem Glauben oder den Glaubenden gegenüber prägen mich genauso. Sie können mir den Blick auf vielleicht auch für mich gewinnbringende Erfahrungen verstellen, mich daran hindern zu suchen, wo es auch für mich etwas zu finden gäbe.

Deshalb lohnt es sich, sich hinzusetzen und die eigene Glaubens- oder Glaubenshindernis-Geschichte zu Papier (oder in die Tasten des Computers) zu bringen.

3 Im Obergemach – wertvolle Erinnerungen

Es hilft, wenn man sich dafür ein schönes Heft oder Notizbuch besorgt. Denn es ist meine Lebensgeschichte, die hier Gestalt annehmen soll. Sie ist es wert, in einem schönen Buch festgehalten zu werden. Sogar wenn ich im Moment den Eindruck habe, dass meine Lebensgeschichte düster und schwer ist – oder vielleicht besonders in solch einer Situation –, so ist es doch meine Geschichte, sind es meine Leiden und Krisen, meine Erfolge und Glücksmomente.

Wie kann ich dabei vorgehen? Am besten beginnt man bei den frühesten Erinnerungen. Im Folgenden sind eine Reihe von Fragen zusammengestellt, die mir helfen können bei der Niederschrift meiner Glaubensbiografie. Selbstverständlich gibt es noch viele weitere Aspekte, die in eine Glaubensbiografie einfliessen können.

Kindheit:
- Wie und bei wem habe ich gelernt zu beten? Oder: Warum habe ich das Beten nicht gelernt?
- Gab es ein Abendritual in meiner Familie? Wenn ja, wie war es gestaltet?
- Erinnere ich mich an Kindergebete? Wenn ja, an welche? Welche Reaktionen haben sie bei mir ausgelöst? Wenn nein: Welches Gebet hätte mir gefallen?
- Gab es eine Sonntagschullehrerin oder einen Religionslehrer, die bzw. der mir (biblische) Geschichten erzählte? Welchen Eindruck hat diese Person bei mir hinterlassen?
- Gab es Personen, die mir als Kind Eindruck gemacht, weil sie etwas Spirituelles in mir geweckt haben?
- Wie erlebte ich meine religiöse Erziehung? In der Familie. In der Kirche. In der Schule.
- Wenn ich nie einen Religionsunterricht besuchte: Wie war das für mich? War ich froh, nicht teilnehmen zu müssen? Wäre ich gerne dabei gewesen?
- Gab es Orte, Rituale oder anderes, das mich eine Verbindung mit dem, was grösser ist, spüren liess?

Jugend:
- Wo suchte ich als Jugendliche, als Jugendlicher nach Antworten auf Lebens- und Sinnfragen?
- Was hat mir geholfen, Krisen zu bewältigen?

Allgemeine Fragen zu spirituellen Erfahrungen:
- Gab es besondere Momente in meinem Leben, in denen ich mich Gott, dem Urgrund, dem Anderen, nahe fühlte?
- Habe ich Wunder erlebt?
- Kenne ich das Gefühl, von Gottes Reden angesprochen zu sein? Wenn ja, wie fühlte sich seine Stimme für mich an? Warum bin ich überzeugt, dass es Gottes Stimme war?
- Gab es prägende Bücher, Filme und Menschen, die mir den Glauben nahe gebracht haben? Welche?
- Gab es Erfahrungen, die mir den Glauben und das Beten fragwürdig werden liessen? Die Zweifel und Ängste auslösten?
- Wie stehe ich heute zu grundlegenden Fragen des Glaubens, der Spiritualität?

Eine Glaubensbiografie kann man auch immer weiterschreiben. Vielleicht wird das schöne Buch zu einem Gebetstagebuch, in dem meine persönlichen Gebetsgeschichten Platz finden.

3.2.2 Prägende Gottesbilder

Wenn wir von Gottesbildern sprechen, weckt dies bei manchen Abwehr: «Wir dürfen uns doch kein Bild von Gott machen, das zweite Gebot verbietet dies doch.»

Das stimmt, und gerade deshalb ist es wichtig, sich Gedanken zu machen, mit welchen inneren Bilder wir über Gott nachdenken. Denn eines ist klar: Ohne Bilder ist es uns Menschen gar nicht möglich zu denken. Das Wort «Gott» weckt in uns Gefühle, Vorstellungen, Befürchtungen und Annahmen. Nur so bekommt das Wort überhaupt seinen Sinn. Nicht alle diese Vorstellungen sind heilsam. Aber auch negative und schädliche Gottesbilder bestimmen und prägen uns. So können Menschen, denen als

3 Im Obergemach – wertvolle Erinnerungen

Kind mit dem strafenden Gott gedroht wurde, um sie zur Folgsamkeit zu erziehen, den strengen Blick Gottes auch als Erwachsene förmlich im Nacken fühlen. So prägen erlernte und erfahrene Vorstellungen von Gott das Leben und den Glauben bewusst und unbewusst. Und können unter Umständen das spirituelle Leben und die Offenheit für geistliche Erfahrungen erschweren und einschränken. Manche dieser Gottesvorstellungen sind theologisch nicht haltbar. Andere, nicht so leicht verständliche Gottesbilder brauchen Erklärungen, die auch den historischen Hintergrund und die konkrete Situation, in die hinein sie gesprochen wurden, zur Sprache bringen.

Das Bilderverbot schützt davor, Gott zu fixieren, ihn auf bestimmte Eigenschaften, Handlungen oder Wesensarten festzulegen. Der lebendige Gott übersteigt unser menschliches Verstehen. Darum ist die Bibel voller Bilder und Vergleiche, die Gott zu beschreiben versuchen: Gott ist meine Burg, meine Zuflucht, er ist wie eine liebevolle Mutter, ein liebender Vater. Gott ist Richter und Schöpfer, Liebhaber und Rächer usw. Auch die Fülle dieser biblischen Bilder beschreiben Gott nur annähernd. Die Bilder zeigen jeweils eine Facette, wie Gott uns Menschen begegnen kann. Gott ist und bleibt immer auch noch der ganz Andere. Und auch immer wieder anders, als ich ihn mir gerne zurechtlegen würde.

In diesem Sinne ist es gut, sich darüber Rechenschaft abzulegen, welche inneren Bilder von Gott ich mit mir trage.

Auch in der folgenden Übung lohnt es sich, mit der Suche in der Kindheit zu beginnen und sich chronologisch der Lebensgeschichte entlang zu erinnern:
- Welche Bilder von Gott wurden mir als Kind vermittelt?
- Wie habe ich mir Gott als Kind vorgestellt? Wie als Jugendlicher bzw. Jugendliche?
- Wie haben sich meine Bilder von Gott verändert? Je nach Situation. Je nach Alter.
- Welche Gottesbilder, die ich kenne, sprechen mich an? Welche stossen mich ab? Warum?

3 Im Obergemach – wertvolle Erinnerungen

- Welche Eigenschaften schreibe ich Gott zu?
- Welche Eigenschaften Gottes ziehen mich an?
- Welche Eigenschaften Gottes stören mich?
- Wie würde ich Gott zeichnen oder malen? Wie hätte das Bild früher ausgesehen? Wie stelle ich ihn mir jetzt vor?

3.2.3 Innere Bilder für die Gottesbeziehung

Wir sind verschieden, deshalb sprechen auch unterschiedliche Bilder zu uns. Wie die Traumbilder, die unsere Seele formen, um zu verarbeiten, was uns unbewusst beschäftigt, so «weiss» unser Unbewusstes um Bilder, die uns helfen, Lösungen für unsere Fragen zu finden. Die christliche Tradition hat diese Fähigkeit, die – so glauben Christinnen und Christen – der Schöpfer in uns angelegt hat, schon immer genutzt, um Gottes Reden im eigenen Leben hör- und sichtbar zu machen.

Eine Meditation, die nicht durch bestimmte Texte oder Bilder gefüllt und geführt ist, birgt die Chance, dass diejenigen Inhalte, Bilder oder Aussagen Raum finden in mir, an die ich nicht gedacht hätte und die mir wortwörtlich zu-fallen.

Die folgende Meditationsübung lädt dazu ein, eigene innere Bilder zu entdecken, die helfen können, den Weg zum Gebet zu finden.

⤴ Ich setze oder knie mich hin.
Bequem auf einen Stuhl.
Mit einer Gebetsbank oder auf einem Meditationskissen am Boden.
Gefaltete oder ineinandergelegte Hände helfen, sich zu zentrieren.
Geschlossene Augen lenken die Konzentration nach innen.
Ich werde still.
Ich nehme meinen Atem wahr.
Wie die Luft in meine Lunge fliesst.
Dort einen Moment verweilt.
Wie die Atemluft wieder ausströmt.
Auftauchende Gedanken und Bilder, die mich an Aufgaben erinnern, nehme ich wahr und schicke sie weiter.

3 Im Obergemach – wertvolle Erinnerungen

> Bilder, die unwillkürlich auftauchen, betrachte ich.
> Verwandeln sie sich?
> Sind sie flüchtig?
> Sprechen sie mich an?
> Regen sie mich an, weiterzudenken?
> Bei Bildern, die mich ansprechen, die stark genug sind, dass sie sich nicht gleich wieder in ein anderes verwandeln, verweile ich.
> Ich schliesse die Meditation mit einem Gebet ab.

Anschliessend an diese Meditation lohnt es sich, das eine Bild, den einen Gedanken, der einen Eindruck hinterliess, aufzuschreiben. Oft zeigt sich, dass dieses Bild mehr als ein flüchtiger Gedanken ist, sondern weiterführt auf dem Weg zum Gespräch mit Gott.

3.3 Übungen für das Gespräch in der Gruppe

Das Leben ist ein Geflecht von Geschichten: den eigenen Geschichten, den gehörten und gelesenen, den gemeinsam erlebten Geschichten und den gemeinsam erzählend entwickelten Geschichten. Jede Gemeinschaft hat ihre Geschichte und ihre Geschichten. Diese Erzählungen, an die man sich mit Freude oder Schaudern erinnert: «Weisst du noch …», verbinden Menschen miteinander, stärken das Gemeinschaftsgefühl und zeigen uns, dass wir dazugehören. Wir sind Teil der gemeinsamen Geschichte, darum gehören wir zur Gruppe.

Wenn wir einander persönliche (Gebets-)Geschichten erzählen, dann verbinden sich diese Geschichten mit ähnlichen Erzählungen anderer. Oder sie ergänzen andere Geschichten, weil sie andere Aspekte beleuchten. Immer bereichert meine Geschichte das Leben anderer, und ich werde beschenkt mit den Geschichten der anderen. Die fremden Geschichten können in mir Erinnerungen wecken, meine eigene Geschichte durch einen etwas anderen Blickwinkel klären und dadurch mein Verständnis meiner Geschichte vertiefen. Gleichzeitig entsteht im Austauschen von Erfahrungen ein Stück neue Gemeinschaftsgeschichte, die uns als Gruppe stärkt und formt und dadurch weiterbringt.

Zu wissen, woher ich komme, hilft zu verstehen, warum ich heute so denke und handle, wie ich es tue. Darum lohnt es sich auch im Blick auf das Betenlernen, zurück zu den persönlichen Wurzeln zu gehen, um von dort weiterzuwachsen und unter Umständen Verletzungen zu erkennen, zu bearbeiten und Haltungen zu verändern.

Wir erkennen uns immer auch im Gegenüber zu anderen Menschen. Andere spiegeln uns, wer wir sind, indem sie auf uns reagieren, uns fragen oder unsere Gedanken weiterdenken. Darum ist der Austausch mit anderen auch in diesen persönlichen Fragen des Betens erhellend und für alle Beteiligten gewinnbringend.

3.3.1 Wie ich mit dem Gebet in Berührung kam

Auch für diese Übungen gilt: Die Grundlage für gelingende Gespräche in der Gruppe ist eine vertrauensvolle Atmosphäre (vgl. Exkurs 2.3.1).

- Die Gruppe sitzt in einem Stuhlkreis, um gut miteinander ins Gespräch zu kommen.
  Einleitung: Die leitende Person eröffnet mit einem kurzen Impuls, der den Wert und die Wirkung von erzählten biografischen Geschichten aufzeigt. Indem sie dies mit einem Beispiel aus dem eigenen Leben unterstreicht, kann sie andere ermutigen, ihre eigenen Geschichten zu teilen.
  Zu zweit: Ich erzähle meinem Gegenüber zwei bis drei besondere Erfahrungen, in denen ich mit dem Gebet in Kontakt kam. Es können besonders eindrückliche und schöne Begebenheiten sein oder auch irritierende oder gar verletzende Erfahrungen. Ich erzähle mit möglichst vielen Details und sehr beschreibend, damit mein Zuhörer / meine Zuhörerin sich meine Erzählung gut vorstellen und miterleben kann.
  Nach der Hälfte der Zeit, wechseln die Rollen von Erzählender und Zuhörendem.

3 Im Obergemach – wertvolle Erinnerungen

Im Plenum: Die Leitung fragt nach den Highlights aus dem Austausch zu zweit. Was hat besonders Eindruck gemacht? Wo wurden Gemeinsamkeiten entdeckt, wo grosse Unterschiede festgestellt?
In einem zweiten Schritt ist es bereichernd für alle, wenn Rückfragen gestellt und weitere Gedanken und Einsichten geteilt werden können. Der Austausch wird in der Regel als äusserst fruchtbar und anregend erlebt.
Abschluss: Ein gemeinsames Gebet oder Lied kann die Gesprächsrunde abschliessen. ───────────────────────── ↩

3.3.2 Meine Gottesbilder

Unsere inneren Bilder von Gott sind prägend dafür, wie wir über Gott und den Glauben denken. Deshalb ist ein Bewusstwerden der eigenen Vorstellungen ein wichtiger Schritt auf dem Weg zu einem lebendigen Gebetsleben. Sich mit diesen inneren Bildern in einer Gruppe auseinanderzusetzen, vergrössert die Bildervielfalt von allen Beteiligten und erweitert für alle die Möglichkeiten, innere Bilder für Gott zu entwickeln.

↪ Die Gruppe sitzt in einem Stuhlkreis, um gut miteinander ins Gespräch zu kommen.

Einleitung: Die Leitung gibt Erklärungen zum zweiten Gebot, dem Bilderverbot, die helfen, Hemmungen abzubauen, sich Gott in Vergleichen und Bildern vorzustellen. Es soll deutlich werden, dass es nicht darum geht, Gott in Bildern zu fixieren, sondern ihn für uns Menschen denk- und vorstellbar zu machen. Nur mit Bildern und Vergleichen können wir etwas von Gott erfassen und uns ihm nähern.

Einzelübung: Zwei Möglichkeiten:
1. Im Raum verteilt sind viele verschiedene Bilder einer Fotolanguage ausgelegt. Die Teilnehmenden an der Gesprächsrunde werden aufgefordert, folgende Satzfragmente mit einem oder zwei Bildern zu beenden: «Gott ist für mich wie …, weil …»
2. Alle Teilnehmenden erhalten Papier und Stifte und werden eingeladen, möglichst detailgetreu zu zeichnen oder malen, wie

3 Im Obergemach – wertvolle Erinnerungen

sie sich Gott als Kind vorgestellt haben. Eigenschaften, die nicht gezeichnet werden können, sollen in Worten beschrieben werden.

Zu zweit: Die Bilder werden einander vorgestellt. Anschliessend besteht Zeit für Rückfragen.

Im Plenum: Die Leitung fragt nach den Highlights aus dem Austausch zu zweit: Was hat besonders Eindruck gemacht? Wo wurden Gemeinsamkeiten entdeckt, wo grosse Unterschiede festgestellt?

In einem zweiten Schritt ist es bereichernd für alle, wenn Rückfragen gestellt und weitere Gedanken und Einsichten geteilt werden können. Der Austausch wird in der Regel als äusserst bereichernd und anregend erlebt.

Abschluss: Ein gemeinsames Gebet oder Lied kann die Gesprächsrunde abschliessen.

3.4 Texte

Wir haben einen Felsen

Wir haben einen Felsen, der unbeweglich steht.
Wir haben eine Wahrheit, die niemals untergeht.
Wir haben Wehr und Waffen in jedem Kampf und Streit.
Wir haben eine Wolke von Gottes Herrlichkeit.

Wir haben eine Speise, der Welt hier unbekannt.
Wir haben einen Schatten im heissen Sonnenbrand.
Wir haben eine Quelle, die niemals je versiegt,
Wir haben Kraft zum Tragen, die keiner Last erliegt.

Wir haben einen Tröster voll heiliger Geduld.
Wir haben einen Helfer von liebevoller Huld.
Wir haben eine Freude, die niemand von uns nimmt.
Wir haben eine Harfe, vom König selbst gestimmt.

3 Im Obergemach – wertvolle Erinnerungen

Wir haben eine Zuflucht in jedem Sturm und Not.
Wir haben einen Reichtum, der nie zu schwinden droht.
Wir haben eine Gnade, die jeden Morgen neu.
Wir haben ein Erbarmen, das mächtig ist und treu.

Wir haben hier die Fülle, seitdem der Heiland kam.
Wir haben dort ein Erbe, so reich und wundersam.
Wir haben Glück, das leuchtend und unbeschreiblich ist.
Wir haben alles, alles, in dir, Herr Jesus Christ.
    Gottlob Lachenmann (1845–1935), Hedwig von Redern (1866–1935)

Ruhe
Herr, du bist meine Insel.
In deinem Schoss bin ich geborgen.
Du bist die Ruhe im Sturm.
In deinem Frieden kann ich ruhen.
Du bist in den Wellen, die auf die Küste rollen und die Steine zum Glitzern bringen.
Dieses Meeresrauschen ist meine Hymne.
Du bist das Lied der Vögel.
Ihre Melodie singe ich.
Du bist die See, die gewaltig auf den Felsen prallt.
Ich preise dich in deiner Kraft.
Du bist der Ozean, der mein Wesen wie das Wasser umspielt.
In dir verweile ich.
    St. Columcille von Iona (521–597)

Lobe dem HERRN, meine Seele
Lobe den HERRN, meine Seele,
und alles, was in mir ist, seinen heiligen Namen.
Lobe den HERRN, meine Seele,
und vergiss nicht, was er dir Gutes getan hat.
Der all deine Schuld vergibt
und alle deine Krankheiten heilt,

3 Im Obergemach – wertvolle Erinnerungen

der dein Leben aus der Grube erlöst,
der dich krönt mit Gnade und Erbarmen,
der dich mit Gutem sättigt dein Leben lang.
Dem Adler gleich erneuert sich deine Jugend.
Taten der Gerechtigkeit vollbringt der HERR
und Recht für alle Unterdrückten.
Seine Wege hat er Mose kundgetan,
den Israeliten seine Taten.
Barmherzig und gnädig ist der HERR,
langmütig und reich an Güte.
Nicht für immer klagt er an,
und nicht ewig verharrt er im Zorn.
Nicht nach unseren Sünden handelt er an uns,
und er vergilt uns nicht nach unserer Schuld.
So hoch der Himmel über der Erde,
so mächtig ist seine Gnade über denen, die ihn fürchten.
So fern der Aufgang ist vom Untergang,
so fern lässt er unsere Verfehlungen von uns sein.
Wie ein Vater sich der Kinder erbarmt,
so erbarmt der Herr sich derer, die ihn fürchten.
Denn er weiss, welch ein Gebilde wir sind,
bedenkt, dass wir Staub sind.
Des Menschen Tage sind wie Gras,
er blüht wie eine Blume des Feldes:
Wenn der Wind darüber fährt, ist er dahin,
und seine Stätte weiss nicht mehr von ihm.
Aber die Gnade des HERRN währt von Ewigkeit zu Ewigkeit
über denen, die ihn fürchten,
und seine Gerechtigkeit über Kindeskindern,
über denen, die seinen Bund halten
und seiner Gebote gedenken in der Tat.
Der HERR hat im Himmel seinen Thron errichtet,
und sein Königtum herrscht über das All.
Lobt den HERRN, ihr seine Boten,

ihr starken Helden, die ihr sein Wort vollbringt,
gehorsam seinem gebietenden Wort.
Lobt den HERRN, all seine Heerscharen,
ihr seine Diener, die ihr seinen Willen tut.
Lobt den HERRN, all seine Werke,
an allen Orten seiner Herrschaft.
Lobe den HERRN, meine Seele.
    Psalm 103

3.5 Erfahrungsbericht

Veränderung des Gottesbildes
Eine junge Frau erzählt, wie eine Lebenskrise ihre inneren Bilder und ihre Wahrnehmung von Gott veränderte.

«Früher als Jugendliche war Gott ganz klar immer der liebe Gott. Wenn ich betete, dann war Gott da, und ich spürte seine Gegenwart als ein warmes Gefühl von Nähe. Und immer hatte ich den Eindruck, dass ich, wenn ich bete, auch etwas verändern könne. Deswegen hatte ich manchmal auch Schuldgefühle Gott gegenüber, wenn ich nicht betete oder nicht alles aufzählen konnte, wofür ich dankbar war.

Die Krise veränderte da vieles. Manchmal denke ich, dass es vielleicht das erste Mal war, dass ich etwas nicht bekam, was ich mir ganz fest gewünscht hatte. Ich musste erfahren, dass ich eben nicht eine Prinzessin bin, der alles gelingt und die alles bekommt. Ich bin so behütet und bewahrt aufgewachsen, dass das für mich eine neue und auch schmerzliche Erfahrung war. Mir wurde der liebe Gott dadurch fremd. Da hatte ich gebetet und mir diese eine Sache so sehr gewünscht, und Gott gab sie mir einfach nicht. Jahrelang liess er mich – so erlebte ich das in diesen Zeiten – einfach im Stich.

3 Im Obergemach – wertvolle Erinnerungen

Und dann kam die Wende, und ich hatte den Eindruck, dass Gott mich nun mit Geschenken und Gaben überschüttet. Manchmal so sehr, dass ich lachend dachte: «Ja, ist gut, ich habe verstanden, dass du, Gott, mich nicht vergessen hast!»

Der liebe Gott ist für mich jetzt nicht weniger lieb, aber weniger lieblich. Seine Liebe ist fester, bestimmter, aber nicht unfreundlicher. Manchmal empfinde ich meine Veränderung im Glauben vom Kindlichen zum Jetzt so, als hätte Gott mir gesagt: «Hey, du bist jetzt gross, ich verlass mich auf dich. Ich bin da, aber vieles kannst du auch selbst. Ich erwarte, dass du das auch anpackst. Trau dir etwas zu. Ich vertraue auf dich und glaube an dich. Also hör auf, alles auf mich abzuschieben. Mach. Das ist das, was ich von dir auch erwarten kann.»

«Miteinander»

4 Zusammen mit anderen fragen

«Dort hielten sie alle einmütig fest am Gebet, zusammen mit den Frauen, mit Maria, der Mutter Jesu und mit seinen Geschwistern.» (Apostelgeschichte 1,14)

Zurück in der Stadt Jerusalem ziehen sich, so erzählt Lukas, die Jünger und Jüngerinnen Jesu nicht einzeln zurück. Sie verkriechen sich nicht an verschiedenen Orten, um sich alleine darüber klar zu werden, wie es für sie weitergehen soll. Gemeinsam harren die Freundinnen und Freunde aus, sie beten und warten.

Spinnen wir die Erzählung des Lukas, des Autors der Apostelgeschichte, ein wenig weiter:

Man kann sich vorstellen, dass sie sich miteinander an ihren Weg mit Jesus erinnern: «Weisst du noch, wie wir letztes Jahr mit Jesus …» «Erinnerst du dich noch an die Geschichte, die Jesus erzählte, als …» «Diese Lehre, die er uns damals am See Gennesaret weitergab, war für mich lebensverändernd …» Und sie ermutigen sich gegenseitig, nicht aufzugeben: «Jesus hat es uns doch versprochen! Er wird den Geist schicken, auch wenn ich keine Ahnung habe, wie das sein wird und woran wir das merken werden.»

Miteinander denken sie wohl darüber nach, woran sie ihn erkennen können, den versprochenen Geist Gottes. Es gibt wohl rege Diskussionen in der Jüngerschar. Durch ihre persönliche Individualität und ihre unterschiedliche Herkunft blicken sie aus verschiedenen, sich ergänzenden Blickwinkeln auf die Fragen, die sich ihnen stellen. Und ihre Antworten sind vermutlich aufgrund ihrer Unterschiedlichkeit divers und beleuchten deshalb vielfältige Aspekte. Ihr Meister Jesus hat sie in und trotz dieser Verschiedenheit zusammengehalten. Sie waren und sind eine Gemeinschaft. Doch in den Tagen des Wartens ist wohl nicht

4 Zusammen mit anderen fragen

immer klar, ob die gemeinsamen Erfahrungen mit Jesus genug Kraft geben, die Verbundenheit zu erhalten. Ist jetzt der Moment, an dem ihre Gemeinschaft an ihren unterschiedlichen Sichtweisen zerbricht?

Lukas erzählt: Sie hielten fest am Gebet. Einmütig. Diese gemeinsame Erfahrung des Betens – früher zusammen mit Jesus – stärkt sie, hält sie zusammen und ist die Basis ihrer Einheit. Im Gebet richten sie sich aus auf Gott, der ihnen die Zeit mit Jesus geschenkt und den sie als liebenden Vater kennengelernt haben. Im Gebet holen sie sich die Orientierung für den konkreten Moment, den Tag, der vor ihnen liegt. Das Gebet fokussiert sie und hält sie auf Kurs.

Warten ist nun ihre Aufgabe. Warten auf den Geist. Wie lange, wissen sie nicht. Wie die Zukunft aussehen wird, auch nicht. Aber sie haben einander. Sind sich vertraut in der Gemeinschaft. Dies trägt sie als Gemeinschaft und als Einzelne.

4.1 Die Kraft der Gemeinschaft

Auch wenn die Jüngerinnen und Jünger verschieden sind und sie aus unterschiedlichen Gesellschaftsschichten kommen, so ist ihnen als Menschen der Antike der Gemeinschaftsgedanke selbstverständlich. Dass auch die Zukunftsfragen ihrer Gemeinschaft gemeinsam gelöst werden müssen, ist ihnen klar. Dass dies einmütig und ohne Zerwürfnis geschehen könnte, ist schon eher fraglich. Aber die erste Bewegung, nachdem Jesus sie verlassen hat, führt die Jüngerinnen und Jünger zueinander und nicht in die Einsamkeit der eigenen Stube. Sorgen und Probleme alleine für sich zu durchdenken und zu lösen, ist nicht ihre erste Reaktion.

4.1.1 Die Gemeinschaft – ein Raum für Neues

Heute ist das für viele anders. Sie denken: «Ich muss mir das alles zuerst einmal alleine für mich durch den Kopf gehen lassen.»

4 Zusammen mit anderen fragen

Stellen wir uns vor, die Jüngerinnen und Jünger hätten sich zunächst zurückgezogen, jede und jeder für sich. Sie wären in ihre Zimmer, Wohnungen und Häuser verschwunden. Alle hätten sie für sich alleine gewartet, gebetet und versucht, sich darüber klar zu werden, wie es jetzt für sie und die Jesusbewegung weitergehen soll. Und je nach Temperament wäre die eine sehr schnell mit einer Lösung gewesen: «Wir machen einfach weiter wie bisher, halt ohne Jesus, aber er hat uns ja alles gezeigt.» Ein anderer hätte sich vielleicht tausend Fragen gestellt und sich voller Sorgen Katastrophenszenarien vor Augen geführt, bis er den Mut verloren hätte und sich gesagt hätte: «Das war wohl alles. Gott wollte uns in Jesus ein gutes Beispiel geben. Für mich ist das aber zu schwer. Ich gehe lieber zurück in mein altes Leben.» Eine weitere Person hätte wohl in der Angst vor der Zukunft die Hoffnung verloren und wäre in eine Depression verfallen.

Wenn der Geist Gottes einzeln auf sie gekommen wäre, nicht auf die ganze Gemeinschaft, dann wäre wohl jede und jeder für sich anders damit umgegangen. Manch einer hätte sich gehütet, anderen von der Pfingsterfahrung zu erzählen. Auch in biblischen Zeiten wird man nicht gerne als «verrückt» oder «betrunken» angesehen. Unter Umständen wäre in der Einsamkeit der Jüngerinnen und Jünger die geistlichen Erfahrungen einfach versandet, die Jesusbewegung vergessen gegangen und die Kirche nie entstanden.

Gut, sind die Nachfolgenden Jesu zusammengeblieben und haben gemeinsam im Gebet verharrt!

Vielleicht macht uns die Vorstellung, wie es hätte sein können, hätten die Jüngerinnen und Jünger je einen individuellen Lösungsweg gesucht, deutlich, warum auch für uns die Gemeinschaft lebenswichtig ist. Manches erhält nur im gemeinsamen Betrachten das Gewicht, das es verdient. Manche Sorgen können nur gemeinsam getragen werden; viel Neues nur gemeinsam entwickelt. Wenn wir uns gegenseitig stützen und korri-

4 Zusammen mit anderen fragen

gieren, herausfordern und beruhigen, anregen und aufregen, entsteht der Raum, der wirklich Neues ins Leben bringen kann.

Kirche als Gemeinschaft ist nicht in erster Linie dazu da, dass wir es «nett» miteinander haben. Kirche soll eine Brutstätte von neuem Leben sein. Ein Sammelort von Menschen mit verschiedenen Gaben, die in gegenseitiger Ergänzung dazu beitragen, dass mehr Frieden und Gerechtigkeit entstehen, dass Gottes Reich unter uns gebaut wird. Nicht ständig in wohliger Harmonie, aber im steten Bemühen um Verständnis in aller Verschiedenheit.

Kirche ist nicht Selbstzweck. Kirche ist da, um Menschen zu dienen. Kirche soll Gottes Wirken in der Welt sichtbar und erfahrbar machen. Kirche hat den Auftrag, den Menschen mitzuteilen, dass Gott sie nicht vergessen hat, dass er sie liebt und erhält.[10] Um diesen Auftrag erfüllen zu können, müssen die Nachfolgenden Jesu zuerst selbst durch den Geist Gottes gestärkt werden. Das ist die nach innen gerichtete Verheissung der kirchlichen Gemeinschaft. Dazu ist das gemeinsame Feiern und Beten eine wesentliche Grundlage. Im Zusammenspiel ihrer Mitglieder findet die kirchliche Gemeinschaft die Kraft, ihren Dienst für die Menschen und die Welt zu tun. Das gemeinsame Gebet – so zeigt es das Neue Testament – war schon ganz am Anfang ein wesentlicher Ort der Orientierung. Hier fanden die Jüngerinnen und Jünger Kraft, Weisung und Klarheit für ihre Sendung. So kann man die Apostelgeschichte auch als Geschichte des Gebets lesen. Stets heisst es, dass die junge Gemeinde im Gebet verharrte, einen Auftrag durch den Geist Gottes empfing und dann entsprechend handelte.[11] Das Gebet hielt sie auch in ihren Kon-

---

10 In seinem Buch «The Widening Circle» zeichnet Graham Tomlin die verschiedenen Kreise von priesterlicher Verantwortung, die Gott den Menschen, der Kirche und speziellen Ämtern in der Kirche aufgetragen hat. Graham Tomlin, «The Widening Circle», 2014.

11 Beispiele: Apg 2,42: Sie aber hielten fest an der Lehre der Apostel und an der Gemeinschaft, am Brechen des Brotes und am Gebet;

flikten und unterschiedlichen Zielvorstellungen und Strategien zusammen. Im Gebet richteten sie sich alle, so verschieden sie waren, auf den *einen* Gott aus, der sie trotz und mit allen Unterschieden zusammenhielt.

So ist auch heute die Gemeinschaft auf dem Weg zu einem lebendigen Gebetsleben von wesentlicher Bedeutung. Auch heute kann das gemeinsame Gebet, die gemeinsame Ausrichtung auf den *einen* Gott, einen und verbinden. Wenn wir miteinander bitten, flehen, suchen und danken, dann ist es viel schwerer, sich vom Glaubensbruder, der so anders denkt, von der Glaubensschwester, die so merkwürdige Schlussfolgerungen zieht, loszusagen.

Gegenseitig stärken sich die einzelnen Gemeindeglieder. Fehlt dem einen der Glaube, trägt der andere mit, erschüttern die eine Zweifel, kann die andere für sie glauben.

Das Gebet besteht nicht wesentlich darin, Gott eine Liste von Anliegen oder Dank zu präsentieren, sondern ein wichtiger Teil des Gebets ist das Hören. Und nicht alle Betenden hören auf die gleiche Weise. Die einen hören Worte, andere sehen Bilder, wieder andere erhalten Gefühlseindrücke. Erst im gemeinsamen Austausch, im Hören aufeinander, ergibt sich ein Ganzes oder etwas ganz Neues, das für das gemeinsame Handeln wegweisend sein kann.

Apg 4,31: Und als sie gebetet hatten, erbebte der Ort, an dem sie sich versammelt hatten, und sie wurden alle erfüllt von heiligem Geist und verkündigten das Wort Gottes in aller Freiheit; Apg 8,26: Ein Engel des Herrn aber sprach zu Philippus: Mach dich auf und geh nach Süden auf die Strasse, die von Jerusalem nach Gaza hinabführt; Apg 10: Petrus empfängt im Gebet die Weisung, mit dem heidnischen Hauptmann Cornelius mitzugehen; Apg 13,4: Ausgesandt vom heiligen Geist, zogen sie nach Seleukia hinunter.

4.1.2 Exkurs 2: Habitus und Doxa oder warum es so schwer ist, über Glaubenserfahrungen zu sprechen

Wir haben in unserer Gesellschaft grosse Hemmungen, über spirituelle Erfahrungen zu sprechen, und das gemeinsame (freie) Gebet in Gruppen ist gewöhnungsbedürftig, auch für Menschen, die in einer Landeskirche religiös sozialisiert sind.

Manche empfinden Scham, nicht nur wenn sie selbst von solchen Erfahrungen erzählen sollen, sondern auch wenn sie andere davon reden hören. Mancher denkt: So etwas macht man nicht bei uns. Diese Hindernisse sind, aus soziologischer Sicht betrachtet, verständlich. Darum folgen nun einige Gedanken dazu, warum wir uns so schwertun, unsere geistlichen Erfahrungen zu teilen.

In einem Gesprächskreis mit Kirchgemeindemitgliedern erzählt jemand eindrücklich, wie er Gottes Stimme ganz deutlich hörte und doch dem Aufruf nicht folgte. Anschliessend herrscht – Schweigen. Ziemlich betretenes Schweigen. Nicht etwa, weil man die Person verurteilen würde, dass sie nicht auf Gottes Stimme hörte, sondern vielmehr, weil sie es gewagt hat, über die Erfahrung, «Gottes Stimme» gehört zu haben, Worte zu verlieren. «Das macht man doch nur bei den Frömmlern oder den Esoterikern, aber nicht bei uns», hört man anschliessend Einzelne bemerken. Viele wagen sich schon gar nicht erst so weit vor. Sie sind überzeugt: Wie man sein Gebets- und Glaubensleben ausgestaltet, das macht man mit sich und Gott im stillen Kämmerlein aus.

Was geschieht da? Warum fällt es so schwer, über spirituelle Erfahrungen zu reden? Erfahrungen, die sehr viel mehr Menschen gemacht haben, als man vermuten würde. Wenn man unter vier Augen nachfragt und selber von eigenen geistlichen Erfahrungen erzählt, dann hört man von vielen ähnlichen Erlebnissen. Aber nur selten werden sie mit einem grösseren Kreis geteilt. Natürlich ist dies auch eine Frage des Naturells. Wer extrovertiert veranlagt ist, dem fällt es leichter, von seinen Erfahrungen, auch von geistlichen Erfahrungen zu erzählen als jemandem, der introvertiert ist und grundsätzlich in Gruppen nicht so

4 Zusammen mit anderen fragen

leicht das Wort ergreift. Dass in unserer Kultur nicht leicht über spirituelle Erfahrungen gesprochen werden kann, hat aber eine noch tiefere Ursache. In meinen Untersuchungen zu Gebetsbiografien in einer mittelgrossen Kirchgemeinde der Landeskirche stiess ich während der Gruppengespräche, die begleitend zur Forschungsarbeit gebildet wurden, auch auf dieses Phänomen. Nach einer Gesprächsrunde, in der über vorläufige Ergebnisse der Untersuchung miteinander diskutiert werden sollte, entstand grosse Unruhe: Wie da über das Gebet, Gott und den Glauben gesprochen wurde, war für Einzelne zu intim, zu direkt, zu fordernd und zu fremd.

Im Verlauf der Untersuchung halfen die Einsichten des französischen Ethnografen Pierre Bourdieu, diesen Mechanismus besser zu verstehen. Und in der weiteren Zusammenarbeit mit den Menschen, die auch an dieser Gebetsschule mitgedacht haben, zeigte sich, dass seine Theorien zum Zusammenleben von Gemeinschaften auch für diesen Aspekt des gemeinsamen Lebens fruchtbar sind.

Pierre Bourdieu geht davon aus, dass unser Zusammenleben durch ungeschriebene und unbewusste Gesetze geregelt wird. Dies lässt sich leicht selber feststellen, wenn man sich in einer anderen Kultur aufhält. Schüttelt man sich zur Begrüssung – wie bei uns in der Schweiz üblich – die Hand, ist dies in Asien je nach Gegend nicht nur ungewohnt, sondern oft sogar unanständig. Wird bei uns ein Geschenk mit der linken Hand überreicht, so gilt dies in Nigeria als Beleidigung. Bleibt man in Nordindien nach dem gemeinsamen Nachtessen noch zum Gespräch sitzen, zeigt man dem Gastgeber, dass er nicht genug aufgetischt hat. Dies sind nur oberflächliche Beispiele von kulturellen Regeln, die aber bei Nichteinhaltung erhebliche Verwirrung und Unfrieden stiften können. Bourdieu hat in seinen Untersuchungen in abgeschlossenen Gesellschaften zwei Strukturprinzipien entdeckt, die das Zusammenleben ohne Worte und ohne schriftlichen Kodex regeln. Habitus und Doxa nennt er sie. Beide Prinzipien sind unbewusst.

4 Zusammen mit anderen fragen

Da ist auf der einen Seite der *Habitus*, das ist die «Regel», die hinter all den «Man macht» steht, die jede kleinere oder grössere Gruppe kennt, eine Regel, die aber nie als Regel offen formuliert wird. Man wächst in diese Umgangsformen hinein, sei es, dass man sich als Kind abschaut, wie die Erwachsenen sich verhalten, sei es, dass man in eine Gruppe hineinwächst und gemeinsam neue Habitus-Regeln im Zusammenleben kreiert. Der Habitus lässt sich mit einem Rollentext vergleichen. Jede und jeder im Stück, das sich Alltag nennt, kennt seine Rolle und die entsprechenden Texte dazu. Irritationen gibt es, wenn sich jemand nicht an den Text hält. So erklärt Bourdieu zum Beispiel Generationenkonflikte: Jugendliche halten oft nicht viel von Konventionen und übertreten diese gezielt. Mit dem Wechsel von einer Generation zur nächsten verändert sich denn auch der Habitus ein wenig. So kann man Habitus auch als «Regel gewordene Geschichte» bezeichnen, die sich unbewusst im Gedächtnis einer Gruppe festgeschrieben hat. Sie wird durch den Gebrauch weiterentwickelt und hilft, den alten Problemen und neuen Herausforderungen des Lebens zu begegnen. Nun gibt es heute bei uns keine geschlossenen Gruppen mehr, die alle nach dem gleichen Habitus funktionieren. Menschen sind in verschiedenen Gruppen sozialisiert worden und bringen darum auch unterschiedliche Verhaltensweisen mit. Da der Habitus weitgehend unbewusst ist, kann es, wenn unterschiedliche Habitus-Formen aufeinanderstossen, zu Verunsicherung und Irritation kommen, die für das Verständnis schwer zugänglich und darum nicht einfach zu klären ist.

Als *Doxa* bezeichnet Bourdieu eine noch tiefer im Unbewussten liegende Struktur. Doxa wird in einer Gruppe gleichsam als Naturgesetz empfunden. Es sind Verhaltensweisen oder Vermeidungen, die nicht nur mit dem Gefühl «So macht man das», sondern mit Schamempfinden verbunden sind, wenn dagegen verstossen wird. Scham regelt das Verhalten für intime Lebensbereiche. Doch Doxa ist kein Naturgesetz, sondern abhängig von der jeweiligen Kultur.

4 Zusammen mit anderen fragen

Wenn nun Menschen in unserer Kultur gegenüber Erzählungen von intensiven Glaubens- und Gebetserfahrungen in einem nach ihrem Empfinden unangebrachten Setting Scham empfinden, dann ist das ein Hinweis darauf, dass dieser Lebensbereich durch unbewusste Gesetze geregelt ist, die verbieten, über solche Erfahrungen zu sprechen. Scham weisst auf Doxa hin. Dass die Gesetze nicht in allen Kulturen gelten, stützt diese Vermutung. So ist es in Indien nicht ungewöhnlich, im Zug mit wildfremden Menschen über Glaubensfragen zu reden, und der überaus höfliche Hotelconcierge hat keine Hemmungen, den Gast nach seinem Glauben zu fragen. Bei uns undenkbar!

In unserer Kultur ist selbst in Kirchgemeinden und in Gruppen, die ausdrücklich zum Gespräch über Glaubensfragen zusammenkommen, die schamhafte Hemmung, eigene Glaubenserfahrungen zu erzählen, immer wieder zu spüren.

Dazu kommt, dass die meisten Teilnehmenden in Gemeindegruppen religiös nicht gleich sozialisiert wurden, was bedeutet, dass die Habitus-Formen, die die einzelnen Mitglieder verinnerlicht haben, nicht homogen sind. Dies führt zu Missverständnissen, Spannungen und Unsicherheiten im Gespräch, wie das Beispiel, das eingangs geschildert wurde, zeigt. Die Person, die ihre Gebetserfahrung vom Hören auf Gottes Stimme erzählt hat, war es sich von ihrer religiösen Sozialisation her gewohnt, dass man in einer solchen Runde Erfahrungen mit Gottesbegegnungen erzählen kann und dass dies andere anregt, auch zu erzählen. Die anderen in der Gruppe kannten dies nicht und empfanden deshalb die Erzählung als eine zur Schaustellung eines intimen Erlebnisses, das man so nicht macht. Zudem nutzte der Erzähler Wörter und Formulierungen, die man nach dem Verständnis Einzelner nur in Freikirchen braucht, zu denen man sich theologisch in Distanz weiss. Denn wer kann von sich mit Sicherheit sagen, dass er Gottes Stimme gehört hat? Doxa, die unbewusst bestimmt, dass Gebetserfahrungen so intim sind, dass man darüber in der Öffentlichkeit einer Gesprächsgruppe nicht spricht, und die unterschiedlichen Habitus-Formen, die alle verinnerlicht hatten, liessen das Gespräch stocken und führten zu dem geschilderten, peinlich berührten Schweigen.

Wie kann man diese Hindernisse, die in unserer Kultur liegen, überwinden?

In der zuvor genannten Forschungsgruppe half das Verstehen, was geschieht, um mit den eigenen Gefühlen und dem Unwohlsein besser umzugehen. Wer versteht, warum sich ein eigenartiges Schamgefühl in der Bauchgegend einstellt, kann auch einmal seine Hemmung etwas zurückbinden und in der Offenheit einen Schritt weitergehen, als es das eigene Wohlgefühl eigentlich zulassen würde. Die Erfahrungen in der Gruppe waren jedenfalls durchwegs positiv, und der Umgang mit den Konzepten von Doxa und Habitus wurde kreativ auf die gemeinsamen Zusammenkünfte angewendet.

Natürlich kann eine Kirchgemeinde nicht das kulturell vorgegebene Strukturprinzip Doxa im Alleingang verändern. Und Scham ist grundsätzlich eine Emotion, die nicht leichtfertig übergangen werden sollte. Aber für die Teilnehmenden der Gesprächsgruppe löste das Verständnis von dem, was da geschieht, eine Öffnung aus. Mit der Bewusstwerdung wurde Doxa in unserem Fall ein Stück weit «entzaubert» und verlor etwas von seiner Macht.

Der Habitus kann sich in einer Gruppe durch das Bewusstwerden, dass die Wahrnehmung und Sprache unterschiedlich «antrainiert» wurde, verändern. Bleibt eine Gruppe länger zusammen, kann sich durchaus auch ein eigener Habitus im Umgang mit der Kommunikation von Glaubenserfahrungen bilden.

4.2 Einzelübung: Meine Gruppenerfahrungen

Im letzten Kapitel ging es darum, sich der eigenen Glaubensgeschichte bewusst zu werden. Die Übungen in diesem Kapitel knüpfen an diese Biografiearbeit an. Wie in anderen Lebensbereichen prägen auch unsere bisherigen Erfahrungen mit Gruppen, wie wir uns heute in Gruppen bewegen. Deshalb lohnt es sich, dieses Lebensthema unter die Lupe zu nehmen.

Die Gruppenerfahrungen, die uns prägen, müssen nicht zwingend mit Glaubenserfahrungen zu tun haben. Oft sind es Erinnerungen an den Kindergarten, die Schule oder die Teilnahme am Vereinsleben, die wir auch in andere Kontexte mitnehmen und die uns hindern oder beflügeln.

Da es in diesem Kapitel um das *gemeinsame* Unterwegssein im Blick auf das Gebet geht, gibt es zu diesem Thema nur eine Aufgabe als Einzelübung.

Die Antworten auf folgende Fragen können gut als Ergänzung zur Gebets- und Glaubensbiografie verstanden werden. Bei diesen Fragen geht es ausdrücklich nicht nur um Gruppen im kirchlichen Umfeld. Schon Erfahrungen im Kindergarten können prägend sein für das weitere Verhalten in Gruppen.

➲ 1. Welche Rolle hatte ich jeweils in Gruppen inne?
   - War ich der Gruppenclown, die Leaderin, die andere mitreissen konnte, oder war ich lieber der Protokollführer, der darauf achtete, dass die gestellten Aufgaben auch getreulich erledigt wurden?
   - War ich Mitläufer oder Mitläuferin oder gefiel ich mir in der Rolle des *advocatus diaboli*, der immer die lästigen Fragen stellte, an die andere nicht denken und die doch so wichtig sind?
   - Übernahm ich in allen Gruppen jeweils eine ähnliche Rolle? Wenn nein, warum nicht?
   - Wo konnte, wollte oder musste ich mich ganz anders verhalten? Warum?
2. Wie fühlte ich mich in Gruppen?
   - Bearbeitete ich gerne mit anderen zusammen eine Aufgabe oder hätte ich lieber alleine gewirkt?
   - War mir unwohl, wenn ich meine Meinung vor mehr als zwei Personen kundtun sollte?

4 Zusammen mit anderen fragen

- Blühte ich auf, wenn ich mit anderen Ideen entwickeln konnte, oder wartete ich lieber darauf, dass andere einen Einfall hatten und ich dann einfach noch zustimmen konnte?
- Gab es Gruppenerfahrungen, die richtige Highlights waren in meinem Leben?
- Habe ich Angst vor Gruppen, weil ich schlechte, schwierige und/oder verletzende Erfahrungen in Erinnerung habe, die mich noch heute belasten?

3. Was würde ich an meinem Verhalten in Gruppen gerne verändern?
   - Gibt es eine Rolle, die ich gerne einmal ausprobieren möchte?
   - Gibt es etwas, das ich in einer Gruppe gerne ansprechen würde, weil mir etwas bewusst wurde?
   - Wenn Gruppen für mich schwierig sind und ich nicht wirklich einen Lösungsweg sehe, mit wem könnte ich darüber sprechen?

4.3 Übungen für das Gespräch in der Gruppe: Gemeinsam unterwegs bleiben

Nehmen wir die Jüngerinnen und Jünger als Vorbilder für unseren Glaubensweg, dann kann uns das gemeinsame Unterwegssein wichtig sein oder werden. Dass geteiltes Leid leichter ist und geteilte Freude doppelt zählt, ist nicht nur sprichwörtlich wahr, sondern eine Lebenserfahrung. Für unser Glaubens- und Gebetsleben gilt es, sich diese Einsicht immer wieder neu anzueignen.

Das Erzählen und Hören von Gebetsgeschichten anderer ist wichtig für die Vertiefung des persönlichen Gebetslebens. Und da sind ausdrücklich nicht nur die «guten» Erfahrungen gemeint, sondern gerade auch die Erfahrungen von nicht erhörten Gebeten, verzweifelten und scheinbar unbeantwortbaren Fragen an Gott. In einer Gruppe können wir erfahren, dass wir nicht alleine sind mit unseren Fragen, und im gemeinsamen Suchen lernen wir voneinander und miteinander. Wir sind einander zugeordnet, sind einander Herausforderung und Hilfe und machen so – gemeinsam – Gottes Heilswirken in der Welt sichtbar und erfahrbar.

Heute ist in vielen landeskirchlich geprägten Gemeinden das gemeinsame Gebet auf Gottesdienste, Feiern und Andachten beschränkt, in denen die leitende Person ein vorbereitetes Gebet spricht. Dies ist eine wertvolle Form des Betens. Nehmen wir aber die neutestamentlichen Gemeinden als Massstab, dann ist es sicher eine lohnende Herausforderung, das gemeinsame Beten mit freieren Formen zu ergänzen.

4.3.1 Fragen zum Beten

Fragen, die Kinder und Jugendliche stellen, haben oft eine Unmittelbarkeit und Tiefe, die im Lauf des Lebens unter den guten Umgangsformen und der Anpassung an den gängigen Habitus verlorengehen können. Deshalb ist die Übung so angelegt, dass sie bei den Fragen im Kindes- und Jugendalter beginnt. Vielleicht erinnern wir uns noch daran, was wir damals gerne gewusst hätten. Je nach Gruppenzusammensetzung und gegenseitiger Vertrautheit kann diese Sequenz aber auch kurz gehalten werden, und die aktuellen Fragen der Teilnehmenden können das Gespräch bestimmen.

> Die Gruppe sitzt im Stuhlkreis, um gut miteinander ins Gespräch zu kommen.
> **Einleitung:** In der Mitte des Kreises liegen zwei Plakate mit je einer Frage für das Brainstorming.
> Alternativ können die Plakate auch an Stellwänden im Raum verteilt sein. Um die Fragen der Anwesenden zu wecken, ist es auch in dieser Übung hilfreich, wenn die Leitung persönliche Hinweise auf eigene Fragen gibt und so das Nachdenken eröffnet.
> • Welche Fragen zum Gebet hätte ich als Kind gerne gestellt?
> • Welche Fragen zum Gebet bewegten mich als Teenager?
> Die Teilnehmenden haben nun Zeit, ihre erinnerten Fragen auf die Plakate zu schreiben.

4 Zusammen mit anderen fragen

Zu zweit werden aus den aufgeschriebenen Fragen diejenigen herausgesucht, die ansprechen, und die Antworten darauf werden gemeinsam gesucht. Wichtig ist hier, dass deutlich wird, dass es keine «richtigen» oder «falschen» Antworten gibt. Es geht um ein gemeinsames Suchen nach dem Umgang mit den gestellten Fragen.

Im Plenum: Nun werden Fragen, die in den Zweiergruppen zu weiteren Fragen oder erstaunlichen Antworten führten, im Plenum weiter besprochen und vertieft.

Zu zweit: In denselben Zweiergruppen erzählen sich die Paare, welche Fragen zum Gebet sie heute beschäftigen. Gemeinsam suchen sie darauf Antworten.

Im Plenum: In ein oder zwei Sätzen formuliert jede und jeder für die anderen eine ihrer/seiner aktuellen Fragen. Diese können, je nach Gruppengrösse, aufgeschrieben werden (z. B. auf Notizzettel, Pinnwand). Gemeinsam einigt man sich auf die Fragen, die für die Mehrheit am spannendsten sind. Evtl. können auch alle Fragen besprochen werden.

Hinweis: Es ist wichtig, darauf zu achten, dass die Gruppe nicht von der Leitung die «richtigen» Antworten erwartet, sondern dass die Gruppe die Kraft und den Reichtum ihrer Mitglieder nutzt und die unterschiedlichen Blickwinkel und Lebenserfahrungen eingebracht werden können.

Abschluss: Ein gemeinsames Gebet oder Lied kann die Zusammenkunft abschliessen.

4.3.2 Voneinander lernen: Teilen von Gebetsschätzen

In der Gemeinschaft ist ein grosser Schatz an Wissen und Erfahrung – oft leider nur – verborgen. Dieser Reichtum soll in der folgenden Gruppenübung ans Licht kommen und geteilt werden.

⊃ Die Gruppe sitzt in einem Stuhlkreis, um gut miteinander ins Gespräch zu kommen.

Einleitung: Es geht bei diesem Gruppentreffen darum, die persönlichen Gebetsschätze zu sichten und den Wert des Lernens voneinander zu erfahren.

4 Zusammen mit anderen fragen

Einzelübung: Die Teilnehmenden überlegen für sich, welche Praktiken, Gebetsformen oder Einsichten ihnen im Lauf ihres Lebens wichtig geworden sind und ihnen auch in Krisenzeiten geholfen haben. Das können bestimmte formulierte Gebete sein, Bibeltexte, Liedtexte, Geschichten, Gebetserlebnisse alleine oder mit anderen, Musik, Meditationsformen, Gebetshaltungen, kreative Handlungen wie Malen, Schreiben usw.

Hinweis: Für viele ist es hilfreich, sich die geteilten Schätze der anderen zu notieren, damit sie für einen selbst zur Verfügung sind, wenn es schwierig wird. (Notizpapier und Stifte zur Verfügung stellen)

Im Plenum: In der Runde «zeigt» nun jede Person den anderen einen oder zwei der Schätze aus ihrer/seiner persönlichen Schatztruhe. Die anderen hören zu, Rückfragen zum Verständnis können gestellt werden. Es ist wichtig, dass die Schätze ihren Wert behalten und nicht in einer Diskussion zerzaust werden.

Je nach Atmosphäre und Offenheit in der Gruppe kann gemeinsam an den Schätzen weitergedacht werden. So können einzelne Schätze Anstoss geben, um sie weiterzuentwickeln, abzuändern oder ganz neu zu entwerfen.

Hinweis: Wichtig ist eine einfühlsame Gesprächsführung, damit das Weiterdenken nicht als Kritik an den persönlichen Erfahrungen verstanden werden kann, sonst leidet das Vertrauen in der Gruppe. Theologisch fragwürdige Texte müssen sorgfältig hinterfragt werden, um deren Wert, den sie für die Person haben, nicht abzuwerten. Solche Texte beinhalten oft ganz anderes als den konkreten Wortlaut, den sie weitergeben. Das können Erfahrungen von Geborgenheit in einem Abendritual sein, die liebevolle Stimme der betenden Person, eine konkrete gute Erfahrung mit diesem Text usw.

Ein gemeinsames Gebet oder Lied kann die Gesprächsrunde abschliessen.

4.3.3 Gemeinsames Beten wagen

Da diese Übung eher kurz ist, kann sie gut an eine der vorhergehenden Übungen angefügt werden. Dies ist grundsätzlich zu empfehlen, da das gemeinsame Beten durchaus auch etwas Training braucht, damit alle damit vertraut werden.

> Die Gruppe sitzt im Stuhlkreis, um gut miteinander verbunden zu sein.
> **Vorbereitung:** Die Mitte ist mit einer brennenden Kerze und evtl. auch mit einer Ikone oder einem Kreuz gestaltet.
> **Im Plenum:** Die Leitung führt ins gemeinsame Beten ein. Sie entlastet vor allem von dem Druck und von den Ängsten, dass man etwas Falsches oder Dummes sagen könnte: «Wir stehen vor Gott, der uns durch und durch kennt und liebt – auch mit all unseren Gedanken, die uns selbst vielleicht dumm und belanglos vorkommen. Gott ist kein Lehrmeister, der meine Satzstellung korrigiert. Er versteht auch meine unfertigen Gebete. Darum ist es völlig in Ordnung, wenn ich im Kreis nur ein Wort, einen Namen, einen Halbsatz oder auch fünf Sätze sage. Es ist in Ordnung, wenn ich stottere und nicht mehr weiterweiss. Wenn ich wunderbar, lustig und geistreich formulieren kann, dann ist es auch gut. Wichtig ist nur eines: dass ich es wage, mitzubeten und dies echt und mit meinen Gedanken und Worten tue. Vielleicht zuerst auch nur einmal still für mich.»
> Dann wird der Ablauf des Gebets angekündigt. Nach einem Eingangsgebet durch die Leitung, das unbedingt frei und einfach formuliert sein sollte, wird in die Stille eingeleitet, die zu eigenem lauten oder still für sich formulierten Beten einladen soll: «In der nun folgenden Stille seid ihr eingeladen, eure Bitten, eure Gedanken, Hoffnungen, einfach alles, was ihr vor Gott formulieren wollt, zu sagen. Es ist Raum, dies laut zu tun, auch wenn es nur ein Halbsatz oder ein Wort ist. Es ist auch möglich, dies still für euch in euren Herzen auszusprechen. Gott, so glauben wir, hört beides. Sollte es länger still sein, ist das auch gut. Die Dauer dieses offenen Gebets wird zwischen fünf und zehn Minuten sein.»
> **Abschluss:** Die Zeit des gemeinschaftlichen Betens wird mit einem gemeinsam gesprochenen Unservater-Gebet abgeschlossen. So haben alle die Gelegenheit, laut mitzubeten.

4.4 Texte

Gemeinschaft
Gemeinschaft ist nicht die Summe von Interessen, sondern die Summe an Hingabe.
<small>Antoine de Saint-Exupéry (1900–1944)</small>

Ein Leib – viele Körperteile
Es ist wie bei unserem Körper: Der eine Leib besteht aus vielen Körperteilen, aber nicht alle Teile haben dieselbe Aufgabe. Genauso bilden wir vielen Menschen, die zu Christus gehören, miteinander einen Leib. Aber einzeln betrachtet sind wir wie unterschiedliche und doch zusammengehörende Körperteile. Wir haben verschiedene Gaben, so wie Gott sie uns in seiner Gnade geschenkt hat: Wenn jemand die Gabe hat, als Prophet zu reden, soll er das in Übereinstimmung mit dem Glauben tun. Wenn jemand die Gabe hat, Aufgaben in der Gemeinde zu übernehmen, soll er ihr diesen Dienst tun. Wenn jemand die Gabe hat zu lehren, soll er als Lehrer wirken. Wenn jemand die Gabe hat zu ermutigen, soll er Mut machen. Wer etwas gibt, soll das ohne Hintergedanken tun. Wer für die Gemeinde sorgt, soll es mit Hingabe tun. Wer sich um die Notleidenden kümmert, soll Freude daran haben.
<small>Römer 12,4–8 nach der BasisBibel</small>

Wir wollen uns umeinander kümmern
Und wir wollen uns umeinander kümmern und uns gegenseitig zur Liebe und zu guten Tagen anspornen. Auch sollen wir unsere Gemeindeversammlungen nicht verlassen, wie es manchen zur Gewohnheit geworden ist. Vielmehr sollen wir uns gegenseitig Mut machen.
<small>Hebräer 10,24–25 nach der BasisBibel</small>

4 Zusammen mit anderen fragen

Geben und Nehmen
Was wäre der Arzt ohne den Kranken,
der Barmherzige ohne den Schwachen,
der Geber ohne den Armen,
die Trösterin ohne Betrübte?
Wem hört der Zuhörer zu,
wenn keinem das Herz überquillt?
Nie gibt nur einer – immer ist's Austausch
Ewiges Geben und Nehmen
Gemeinsames Wachsen und Werden in Dir.
Antje Nordmann

4.5 Erfahrungsberichte

Ich brauche Kirche
Zur empirischen Untersuchung der Dissertation der Autorin gehörten auch Gespräche mit Interviewpartnerinnen und -partnern. Ziel war, über die herauskristallisierten Themen aus den Interviews miteinander ins Gespräch zu kommen, sie zu vertiefen und weiterzuführen. Die Einsichten von Pierre Bourdieu halfen, die anfängliche Scheu aufzubrechen. Manche fassten den Mut, auch wenn es ihnen nicht natürlich schien, über eigene Erfahrungen zu reden und laut mitzudenken im Entwickeln von neuen Einsichten zum Beten und zum Glauben. Unter anderem wurden auch Erfahrungen mit Gruppen in der Gemeinde besprochen. Da kamen beglückende Gemeinschaftserfahrungen zutage, aber auch solche, die verletzend waren oder dazu führten, dass sich jemand verschloss. Aber – so das Fazit eines Teilnehmenden – schlussendlich kommen die meisten immer wieder in die Gemeinschaft zurück, weil sie einen nährt und anregt. Hier Auszüge aus den Gesprächen:

4 Zusammen mit anderen fragen

«Einerseits ist da ja die direkte Beziehung zu Gott. Da brauchst du keine Kirche, keine Nachbarn, da kannst du einfach kommen. Aber irgendwann merkst du, du bist doch irgendwie alleine. Die Beziehung zu Gott ist etwas Gutes, aber du bist doch alleine. Und dann fängst du doch wieder in dem Riesenhaufen an zu stochern, in der Kirche. Fängst vielleicht an, die Punkte im kirchlichen Leben und Glauben herauszuschälen, von denen du sagen kannst: Das scheint mir am ehesten noch glaubwürdig. Bei mir ist es so, ich bin dann auf Christus zurückgekommen, auf Jesus. Obwohl mir der ein wenig versaut worden ist im Leben, durch Gedanken, Aussagen, Herausforderungen, Denkmuster, durchdringende Aussagen. Aber dann habe ich die Beziehung doch wieder zugelassen, habe mich doch wieder inspirieren lassen von dem, was Jesus sagt. Und mir ist klar geworden, dann brauche ich eine Kirche, eine Gemeinschaft, sonst kann ich nichts machen. Und die Kirche ist so vertraut, da hat man das Glück, das man teilt, und all den Mist, den man teilt, den Ärger. Und die Spur, die sich dann ergibt, im Einzelnen, in der Beziehung zu Gott, im Merken, dass man auch ins Handeln kommen muss, die trifft sich dann irgendwo in der Gemeinschaft, in der Kirche.»

Diese Aussage stützten auch die anderen Gruppenmitglieder. Jemand sagte: «Manchmal ist das gemeinsame Unterwegssein als Christengemeinschaft unheimlich mühsam, und gleichzeitig ist es ungemein beglückend. Da sind andere, die mich kennen und mich in meiner Eigenart akzeptieren. Da sind die, die mich aufregen und zugleich in ihrer Andersartigkeit anregen, sodass ich immer glücklich und bereichert nach Hause gehen kann nach solch einem Treffen.»

Hörendes Beten in der Jugendgruppe

Ein junger Mann erinnert sich zurück an seine engagierte und für seinen Glauben prägende Mitarbeit in der Jugendgruppe seiner Kirchgemeinde.

4 Zusammen mit anderen fragen

«Ich erinnere mich an Vorbereitungstreffen des Jugendgruppenteams der Kirche. Wir waren begeistert vom Glauben, enthusiastisch und willig, mit anderen den Glauben zu vertiefen und darin zu wachsen. Darum war uns auch das gemeinsame Beten sehr wichtig. Da gab es solche, die fanden immer Worte, die mich beeindruckten und bewegten. Da erschienen mir meine gestammelten Gebete doch manchmal ziemlich dürftig. Dennoch wählte die Gruppe mich zusammen mit einer jungen Frau zur Leiterin des Teams. Nun war es auch an mir, sicherzustellen, dass für die Jugendgruppenzusammenkünfte ein Programm bereit war, dass die Vorbereitungen ernst genommen wurden und dass wir vor allem immer eine Idee für ein Thema und eine passende Verarbeitung desselben fanden. Immer wieder geschah es, dass wir im jugendlichen Übermut auch am Tag vor dem Anlass noch kein Thema und schon gar keine Vorbereitung hatten. So kamen wir dann an der Teamsitzung zusammen, tauschten uns aus und fragten uns, was wir beim nächsten Treffen machen könnten. Manchmal hatte niemand die zündende Idee. Dann hiess es, auf Gott zu hören. So hatten wir es von unseren vorherigen Leitenden gelernt. Wir sammelten uns zum Gebet, wurden still und versuchten, auf Gott zu hören. Was mir noch heute in Erinnerung daran fast Gänsehaut auf den Rücken zaubert, ist die Erfahrung, dass wir immer, wirklich immer, nach zehn Minuten Hinhören auf Gottes Stimme in der Stille ein Abendprogramm zusammenstellen konnten: Jemand hatte einen bildlichen Eindruck, dazu stellte eine andere eine Liedstrophe, die ihr in den Sinn kam und die das Bild unterstrich. Eine weitere Person hatte den Gedanken, dass wir wieder einmal was Kreatives machen sollten. Andere aus dem Team verstärkten und präzisierten die Eindrücke, sodass innert Kürze ein machbares, spannendes Programm zusammenkam, das dann auch die anderen Jugendlichen, die sich in der Gruppe trafen, ansprach. Und es spielte keine Rolle, ob jemand eloquent beten konnte oder in Halbsätzen stammelte. Das Ergebnis war ein Geschenk der Gruppe.

War das Erlebte nun Gottes Reden zu uns? War es unsere gemeinsame Intuition? Kannten wir uns so gut, dass wir uns gegenseitig auch ohne Worte beeinflussen konnten? Wer kann das schon ganz genau sagen! Für mich war und ist es ein Zeichen von Gottes Zuwendung zu uns Jugendlichen, dass wir so mit ihm und miteinander wachsen und reifen konnten. Diese Erfahrungen gehören für mich noch heute zu den wertvollsten Gotteserfahrungen in Gemeinschaft, die ich machen durfte.»

«Klage-Kiste» (Psalmen)

5 Sich einreihen in die Tradition

«Dort hielten sie alle einmütig fest am Gebet.»
(Apostelgeschichte 1,14)

In ihrer Unsicherheit und Enttäuschung, dass Jesus sie allein zurückliess, und mit Blick in eine offene und unsichere Zukunft halten sich die Jüngerinnen und Jünger an das, was ihnen vertraut ist. Das Gebet zu verschiedenen Zeiten des Tages gehört zum jüdischen Alltag. Und Jesus lebte ihnen, so wird in den Evangelien vielfach erzählt, eine intensive Gebetspraxis vor. Es ist deshalb anzunehmen, dass auch seinen Nachfolgerinnen und Nachfolgern das Beten, auch das gemeinsame Beten, vertraut ist. Angeregt durch Jesus selbst, der sich immer wieder zum Gebet zurückzieht, bitten sie ihn, ihnen das Beten beizubringen, und sie erhalten so die Worte des Unservaters. Die Jüngerinnen und Jünger kennen nicht nur das frei formulierte persönliche Gespräch mit Gott, in dem das eigene Denken, Fühlen, Hoffen und Klagen ausgedrückt werden kann, sondern sie sind fest verankert in der reichen Gebetstradition des Judentums. In diese reiht sich auch das Unservater-Gebet ein. So greifen sie auf das zurück, was sie kennen, was ihnen Halt und Sicherheit gibt. Die Jüngerinnen und Jünger warten und beten. Gebete, die sie aus dem Tempelgottesdienst kennen, aus dem Buch der Psalmen. Gewachsen aus dem individuellen Gebet und in den Opferfeiern des Tempels, gesungen im Tempel im gemeinsamen Gottesdienst fassen die Psalmen menschliches Erleben, Fühlen, Hoffen und Klagen in Worte, die über die Jahrtausende nichts an ihrer Kraft verloren haben.

5 Sich einreihen in die Tradition

5.1 Kraft schöpfen aus der Tradition

Es gibt Zeiten im Leben, da versiegen die eigenen Worte oder sie wiederholen sich endlos, dass sie sich leer und abgegriffen anfühlen. Dies gilt nicht nur für Erzählungen von Sorgen und schlimmen Erlebnissen, dies gilt auch für das Gebet. Wer häufig betet, erfährt, dass es Phasen gibt, in denen das freie Gebet unfrei wird und in der immer gleichen Litanei endet. Die Formulierungen sind täglich die gleichen. Das Gebet ermüdet.

Und es gibt Momente, in denen fehlen die Worte – auch fürs Gebet. Zeiten der Trauer oder grosser Ängste, Lebensabschnitte mit schweren Belastungen, die das eigene Fühlen und Denken blockieren und einfrieren. Dann ist es gut, wenn man sich an Worten festhalten kann, die von anderen formuliert worden sind und die doch die eigene Situation zum Ausdruck bringen.

Die Psalmen sind für solche Zeiten ein besonderer Schatz. In den Jahrtausende alten Gebeten sind Menschenerfahrungen konzentriert. Die Worte wurden wieder und wieder gebetet und mit den eigenen, individuellen Erfahrungen «getränkt». Wenn auch die Bildsprache auf den ersten Blick nicht immer unseren heutigen Gewohnheiten entspricht, so können viele dieser Sprachbilder tiefe emotionale Schichten in uns ansprechen. Oder wie ein alter Mann es formulierte: «In diesen Worten ist meine Seele daheim und kommt zur Ruhe.»

Zudem schenkt die Verankerung in der Tradition ein Gefühl der Zugehörigkeit. Wenn ich das Unservater bete, dann weiss ich, dass dieses Gebet auf der ganzen Welt, in allen Sprachen, seit Jahrhunderten von Christinnen und Christen gebetet wurde und wird. Und wenn ich in einem Gottesdienst in einem fremden Land, in einer mir fremden Sprache das Unservater höre, kann ich mitbeten – in meiner Sprache. Und dann gehöre ich dazu.

Tradition schafft Zusammenhalt. Kenne ich die Formen und Worte, dann bin ich Teil von etwas Grösserem, und diese grössere Gemeinschaft trägt mich mit. Sie trägt auch in Zeiten von Unsicherheit und Ungewissheit – wohl auch deshalb verharrten die

5 Sich einreihen in die Tradition

Jüngerinnen und Jünger zwischen Auffahrt und Pfingsten im gemeinsamen Gebet.

Durch das Mitgehen in Traditionen reihe ich mich nicht nur im zeitlichen Querschnitt in eine viel grössere Gemeinschaft ein, auch im Längsschnitt der Geschichte werde ich Teil der «Wolke der Zeugen»[12], Teil der Männer und Frauen, die vor mir den gleichen Weg des Glaubens suchten und lebten, und derer, die nach mir kommen werden und dieselben Worte beten und mit ihren Gefühlen und Gedanken füllen werden. Tradition schenkt Wurzeln und damit Standfestigkeit.

Mit der Tradition ist uns ein Erbe angeboten, das man nicht leichtfertig ausschlagen sollte. Denn mit dem Erbe erhalten wir eine Herkunft; wir sind nicht die Ersten, die diesen Weg gehen, und wir erhalten das Geschenk von Worten und Form gewordenen Erfahrungen, die grösser sind als unsere eigenen. Wenn wir immer nur auf unsere Identität und Authentizität zurückgeworfen sind, wird das Leben furchtbar anstrengend. Um immer authentisch zu sein, muss man konstant präsent und wach sein. In die Tradition darf man sich auch einmal hineinlehnen und nur halbherzig dabei sein, wenn unser ganzes Herz noch nicht präsent ist. Wer immer authentisch sein muss, sieht sich konstant selbst wie in einem Spiegel und dreht sich permanent im Kreis seiner eigenen Identität. Um uns zu verstehen und weiterzuentwickeln, brauchen wir mehr als uns selbst. Wer keine Anregung und Herausforderung von aussen annimmt, kann in sich selbst verarmen.

---

12 Im Hebräerbrief werden aus der Geschichte des Volkes Israel viele genannt, die den Weg des Glaubens suchten und gingen. Sie werden als «Wolke der Zeugen» bezeichnet, die die jetzt Lebenden unsichtbar umgeben und mittragen, sie gleichsam anfeuern in ihrem «Wettlauf des Lebens». Vgl. Hebräer 11 und 12.

5 Sich einreihen in die Tradition

Zum Wachsen braucht es auch die Fremdheit der Gedanken unserer Vorväter und -mütter.[13]

Was bedeutet das für Menschen, die nicht mit einer Tradition des Gebets vertraut sind? Die nächste Generation wächst zunehmend fern einer kirchlich verankerten Tradition auf. Was auf den ersten Blick als Befreiung erscheint, da keine verkrusteten Strukturen, keine Regeln und Konventionen die freie Entfaltung der persönlichen Spiritualität einengen, entpuppt sich immer wieder auch als Verlust an Heimat und Fundament und hat eine Verarmung der Selbstwahrnehmung zur Folge.

Unbestritten hat die Orientierung an der Tradition und vor allem das Pochen auf die genaue Befolgung von Traditionen auch immer wieder Unfreiheit und falsche Skrupel gefördert und damit Menschen an ihrer inneren Freiheit und Entfaltung behindert.

Eine Tradition kann sich entleeren. Ihr Sinn kann verloren und vergessen gehen. Zur Entwicklung im individuellen Leben und als Menschengemeinschaft gehört auch das Hinterfragen und das Zurücklassen von mitgegebenem Gepäck aus der Geschichte und der Bruch mit Traditionen. Und doch erscheint es mir schwer, ohne Anschluss an den Schatz der alten Formen zu einem Menschen zu werden, der im Leben verwurzelt ist. Die Orientierungslosigkeit, die heute oft beobachtet werden kann, und das Fehlen von Kriterien zur Beurteilung von gesunder Spiritualität kann auch eine Folge des Verlusts einer Verankerung in einer bewährten, gelebten Tradition sein.

Worte und Texte aus Bibel und Geschichte können aber auch sinn-los werden und erstarren. Dann werden sie vielleicht für eine Zeit unbrauchbar. Der Schatz der jüdisch-christlichen Ge-

---

13 In einem Vortrag für die Studientage des Instituts für Glaube und Gesellschaft an der Universität Fribourg im Mai 2020 erläutert Fulbert Steffensky den Sinn und Wert von traditionellen Formen. Die Gedanken der Autorin sind auch von diesem Vortrag inspiriert.

5 Sich einreihen in die Tradition

betstexte ist jedoch gross und erstreckt sich über mehrere tausend Jahre Menschheitsgeschichten. Darum lohnt es sich, immer wieder neu in der grossen Schatzkammer der überlieferten Texte zu wühlen und auch lange vergessene Perlen zu finden, die ganz neu glänzen und ihren Sinn entfalten können.

Traditionen kann man jederzeit für sich (neu) entdecken. Auch wer nie mit Kindergebeten, Kirchenliedern, Psalmen, dem Unservater oder mit Texten von Müttern und Vätern des Glaubens in Berührung gekommen ist, kann die Tiefe und Lebendigkeit dieser Texte heute für sich finden und in Anspruch nehmen. Es kann allerdings durchaus wertvolles Gepäck sein, wenn jemand in seinem Lebensrucksack auswendig gelernte Gebets- und Liedtexte mitträgt. Die heute hochbetagte Generation kann oft noch darauf aus dem Konfirmandenunterricht zurückgreifen. Damals – wohl unter Stöhnen und Ächzen gelernt – sind sie heute ein Reichtum, der auch in schweren Tagen (und vor allem Nächten) zur geistlichen Notration werden kann.

Doch auch wer nie solche Texte auswendig (oder wie es auf Französisch oder Englisch schöner heisst: «par cœur» oder «by heart») gelernt hat, kann dies jederzeit nachholen. Texte, die «im Herzen» aufbewahrt werden, können nicht verloren gehen. Und wer den Aufwand des Memorierens nicht auf sich nehmen will oder kann, kann sich jederzeit eine eigene Sammlung von Gebeten anlegen, die in Zeiten der Wortlosigkeit hervorgenommen werden kann. Die fremden Texte können dann zur neuen Heimat werden und zum Ausdruck bringen, was im Moment nicht ausgedrückt werden kann. So können Worte, die andere vor uns gebetet haben, zu einem Handlauf werden, dem entlang das eigene Gebet weitergehen und wieder neu zum Leben erwachen kann. Im Nachbeten von Worten, die andere vor mir gebetet haben, kann ich mich einhüllen und selbst wieder Worte finden. Wenn Gott stumm scheint und das eigene Formulieren versagt, dann kann die Tradition zu einer Spur werden, die zum frischen Wasser führt. Die fremden Worte können zur Heraus-

5 Sich einreihen in die Tradition

forderung werden, die das eigene Beten durch ihre Andersartigkeit hinterfragen und auf diese Weise das persönliche Gebet beleben und erneuern.

5.2 Einzelübungen: In der Schatzkammer der Tradition stöbern

In den vorangehenden Kapiteln ging es immer wieder darum, einen Blick in die eigene Biografie zu werfen. Auch hier soll dazu ermutigt werden, nachzusehen, welche Schätze uns in Form von Gebeten, Liedern, Ritualen und Geschichten mitgegeben sind. Viele Kinder erleben in ihren Familien ein Gute-Nacht-Ritual; manchmal auch ein Abschiedsritual vor dem Verlassen des Hauses. Auch in nicht religiösen Familien gehört zum Gute-Nacht-Ritual oft ein Kindergebet dazu. Solche Texte sind wertvolle Schätze, die nicht nur emotional viel bedeuten können, sondern uns auch in der Generationenfolge unserer Familie verankern. Zudem tragen die Lieder und Gebete Inhalte mit, die manchmal erst im Erwachsenenalter verstanden werden und sich dann tiefer und umfassender erschliessen lassen.

Wer selber in keiner Weise mit den Schätzen der Tradition in Berührung kam, dem steht heute durch das Internet die grosse Menschenfamilie offen, die ihre Schätze auf vielen Seiten teilt, wo man durchaus auch wühlen darf und sich diejenigen Text, Bilder und Lieder heraussuchen kann, die ansprechen, herausfordern und weiterführen.

5.2.1 In meiner Erinnerung suchen

Ich suche in meiner Erinnerung nach Bildern, Worten und Segensgesten, die mir als Erbe mitgegeben wurden:

➲ 1. Abschieds- und Gute-Nacht-Szenen meiner Kindheit:
- Wie verliefen die Abschieds- und Gute-Nacht-Rituale in meiner Kindheit?
- Gab es bestimmte Lieder und Texte?

5 Sich einreihen in die Tradition

- Gab es Gesten (z. B. Segenszeichen, Kreuzzeichen, Abschiedskuss)?
- Wer hat mit mir gebetet (z. B. meine Eltern, Grosseltern)
- Welche Gebete wurden gesprochen? Kann ich mich an einzelne Sätze daraus erinnern?
  Hinweis: Wenn ich die ganzen Texte nicht mehr erinnere, lassen sie sich meist einfach über eine Internetsuche entdecken.
- Was gefällt mir an den Texten heute noch?
- Was verstehe ich heute besser oder anders?
- Kann ich das Gebet oder Lied heute noch beten? Warum?
- Ist es mir zu fremd geworden? Kann ich es nicht mehr beten? Warum?

2. Kinderfeiern und Religionsunterricht:
   - Gibt es Erinnerungen an Kleinkinderfeiern, die Sonntagschule, den Kindergottesdienst, Kinderwochen der Kirchgemeinde, den (kirchlichen) Religionsunterricht?
   - Wurde dort gebetet? Wenn ja: An welche Texte erinnere ich mich? An welche Lieder?
     Hinweis: Auch hier lassen sich die vollständigen Texte oft im Internet finden.

3. Konfirmationsunterricht/Firmunterricht:
   - Wie erlebte ich den Konfirmationsunterricht/Firmunterricht?
   - Wurde dort gebetet? Wenn ja: An welche Texte oder Begebenheiten aus dem Unterricht, die mit dem Gebet zu tun hatten, erinnere ich mich noch?
   - Haben wir Texte auswendig lernen müssen? Wenn ja, welche?

4. Erwachsenenalter:
   - Bin ich später in meinem Leben Gebetstexten begegnet, die mir halfen? Wenn ja, welchen?
   - Gibt und gab es Musikstücke und Liedtexte, die mich spirituell anregen?
   - Kenne ich Bilder oder andere künstlerische Darstellungen, die meinen Glauben bereichern? Wenn ja, welche?
   - Kenne ich anderes, das spirituell anregend ist und mich zur Suche nach Gott anleitet?

5 Sich einreihen in die Tradition

Es lohnt sich, die erinnerten und recherchierten Texte, Bilder, Musikstücke und Liedtexte oder Bilder zu sammeln und sie in Gebetszeiten zu brauchen, um sie wieder neu zu entdecken.

5.2.2 «Notapotheke» aus der Tradition

In Zeiten, in denen die eigenen Worte für das Gebet verstummen und die Gedanken leer scheinen, fällt es meist schwer, Texte zu suchen, die das auszudrücken vermögen, wofür man im Moment keine Sprache findet. Darum ist es gut, wenn man sich eine «Notapotheke» an guten Gebeten und Liedern anlegt. Wenn man einzelne der Gebete «par cœur», ins Herz und Gedächtnis nehmen kann, umso besser. Ein Notizheft oder ein File im Computer oder auf dem Mobiltelefon erfüllen den Zweck auch.

Zudem kann man, wann immer man auf einen guten Text stösst, diesen für seine Sammlung abschreiben. Dann findet man ihn auch in Zeiten der Not.

Es ist eine schöne Aufgabe, die man sich selbst stellen kann: in Sammlungen von alten und neueren Kirchentexten, Gebetsbüchern und Gesangsbüchern stöbern. Und es lohnt sich, die Psalmen auf diejenigen Texte hin zu durchforsten, die einen ansprechen.

Mit der Zeit ergibt sich so eine eigene Sammlung von gehaltvollen Texten.

In Notsituationen wird man manchmal auch von anderen Menschen mit guten Texten beschenkt, die weiterhelfen. Diese gehören dann natürlich auch in die Sammlung.

Es hilft, die Texte auch in guten Zeiten zu beten. Sich Gewohnheiten erst in Krisensituationen anzueignen, ist schwer. Auch die Blaulichtorganisationen üben den Ernstfall, bevor er eintritt, damit die Handgriffe im entscheidenden Moment sitzen.

Ein Hinweis: Die gesammelten Texte müssen einen nicht gänzlich begeistern. Eine gewisse Faszination und Anziehung reichen durchaus.

Alte Texte muss man sich oft zuerst aneignen, indem man sie «erbetet». Fulbert Steffensky, ein deutscher Theologe, nennt als Kriterium für gute Traditionen, dass sie das Lachen und Denken erlauben. Was nicht hinterfragt werden darf und wer nicht auch über sich selbst lachen kann bei der Befolgung von Traditionen, der sollte genau hinsehen, woher etwas stammt und wohin die Tradition führt.[14]

5.2.3 Sich fremde Texte aneignen

Manchmal stösst man auf (alte) Texte, die faszinieren und gleichzeitig abstossend und fremd bleiben. Manchmal ärgern oder befremden nur einzelne Zeilen, die unverständlich scheinen.

Wenn einem ein Gebet mit dieser Mischung von Anziehung und Fremdheit begegnet, dann lohnt es sich oftmals, solche Texte über eine längere Zeit zu beten und zu meditieren. Manchmal wird, was zuerst wie ungeniessbares «Stroh» erscheint, durch ständiges «Kauen» süss und entlässt Sinn, der neue Dimensionen eröffnen kann. Beten ist keine «Wohlfühlaktivität», die nur innerhalb dessen geschehen soll, wo es sich angenehm und einfach anfühlt. Beten ist nicht in erster Linie dazu da, das, was man schon immer dachte, zu bestätigen. Beten fordert immer wieder dazu heraus, sich im Glauben weiterzuentwickeln. Gott, zu dem wir beten, ist nicht wie ein lieber Opa, der uns in Ruhe lässt. Gott stösst uns immer wieder an, unser Denken und unsere Einsicht zu weiten, damit wir über das, was wir schon sind und was wir wissen, hinauswachsen können. Dies kann bedeuten, dass wir unsere Komfortzone verlassen müssen, um neue Dimensionen des Verstehens und Erlebens betreten zu können.

Als Übung bietet sich an, sich einen Text, der fasziniert und doch in gewissem Masse sperrig bleibt, auszuwählen und ihn

---

14 Traditionelle Formen in totalitären Staaten oder Religionsgemeinschaften dürfen selten hinterfragt werden, und Lachen gilt in solchen Gruppen als Sakrileg.

5 Sich einreihen in die Tradition

eine oder auch zwei Wochen täglich zu beten und zu meditieren. Dazu ist es gut, sich in der Stille Zeit und Raum zu nehmen:

- Ich setze oder knie mich hin.
  Bequem auf einen Stuhl.
  Mit einer Gebetsbank oder auf einem Meditationskissen am Boden.
  Gefaltete oder ineinandergelegte Hände helfen, sich zu zentrieren.
  Geschlossene Augen lenken die Konzentration nach innen.
  Ich werde still.
  Ich lege den Text vor mich hin und spreche und bete ihn langsam.
  Ich verweile einen Moment und lasse die Worte nachklingen.
  Nun bete ich langsam Zeile um Zeile ein weiteres Mal.
  Zwischen den Zeilen oder Inhaltseinheiten, lasse ich Zeit, um den Worten nachzusinnen,
  und gebe Raum, um in mir Bilder und Gedanken entstehen zu lassen.
  Am Schluss spreche ich das Gebet nochmals als Ganzes.

5.3 Übungen für das Gespräch in der Gruppe:
Traditionen teilen und sich aneignen

Da unsere Gemeinden nicht aus Menschen bestehen, die seit Generationen am selben Ort leben und darum in den gleichen Traditionen zu Hause sind, ist das Teilen von Traditionen in Gemeindegruppen vielversprechend. Wie bei einem «Teilete»-Buffet, wofür jede und jeder etwas zum gemeinsamen Essen beisteuert, kommt in einer Runde, in der die persönlichen Schätze aus der je eigenen Tradition geteilt werden, eine grosse Vielfalt an Texten, Gebeten, Bildern und Liedern zusammen. Nicht alles spricht alle an. Aber schon die Erfahrung, dass andere aus Quellen schöpfen, von denen man nicht einmal wusste, dass sie existieren, ist bereichernd.

Die folgenden zwei Vorschläge für Gruppenzusammenkünfte laden dazu ein, den Erfahrungsschatz an traditionellen und neueren Texten, Gebeten und Liedern, der in jeder Gruppe vorhanden ist, zu heben und zu teilen. Der Austausch in einer Gruppe ermöglicht es, dass die Vielfalt und die Quellen viel umfassender sind, als wenn jede und jeder für sich alleine auf die Suche geht.

5.3.1 Schätze teilen

Viele sind im Lauf ihres Lebens mit Gebetstexten in Berührung gekommen, die ihnen geholfen haben, sie geprägt haben und die für sie wertvoll wurden. Im Vorfeld der Gruppenzusammenkunft wird deshalb dazu aufgefordert, dass die Teilnehmenden sich an Gebetstexte, Bilder und Lieder erinnern, die ihnen etwas bedeuten. Sie werden gebeten, diese an das Gruppentreffen mitzubringen.

> Die Gruppe sitzt in einem Stuhlkreis, um gut miteinander ins Gespräch zu kommen.
> **Einleitung:** Es wird mit einem vorformulierten Gebetstext begonnen (z. B. Psalm 121). Dann werden Gedanken zum Wert von Traditionen und vorformulierten Texten, Gebeten und Liedern zur Anregung des folgenden Gesprächs geteilt. Es sollte darauf hingewiesen werden, dass respektvoll mit den fremden Texten umgegangen werden sollte. Auch wenn ich selber einem Text (im Moment) nichts abgewinnen kann, ist er Teil des grossen Erbes, das mir von meinen Glaubensvätern und -müttern übergeben wurde. Dies ist zu achten und zu ehren.
> **Im Plenum:** Anschliessend stellen die Teilnehmenden ihre mitgebrachten Texte, Bilder und Lieder vor. Wenn die Gruppe grösser ist (oder als kreative Variante), können die Texte auch auf bereitliegende Plakate abgeschrieben werden. Auf diese Weise entsteht gemeinsam eine vielfältige «Gebetsausstellung».
> **Zu zweit:** In Zweiergruppen werden aus den vorgestellten Gebeten, Bildern und Liedern je zwei ausgewählt und gemeinsam angesehen. Folgende Fragen können das Gespräch anregen:
> - Was spricht mich am vorliegenden Text, Bild, Lied an?
> - Welche Erinnerungen oder Assoziationen werden in mir geweckt?
> - Was ist mir unverständlich?
> - Was stört mich?

5 Sich einreihen in die Tradition

Im Plenum: Anschliessend werden Einsichten und besondere Gedanken mit der ganzen Gruppe geteilt.
Eine Gesprächsrunde über den Sinn und die Hilfe, die vorgeformte Gebete geben können, nimmt die Einsichten aus den Zweiergruppen auf.
Abschluss: Die Gesprächsrunde wird mit einem Lied und/oder einem Gebetstext (z. B. dem Unservater) geschlossen.

5.3.2 Schwer verständliche Texte gemeinsam aneignen

Alte Texte wirken manchmal sperrig und unverständlich. Das Lebensgefühl war früher ein anderes als heute, die Bildsprache orientierte sich an einer anderen Lebenswirklichkeit als der unseren. Grundannahmen über das Leben und die Werte haben sich tiefgreifend verändert. In ihrer Fremdheit bewirken alte Gebete darum nicht selten zuerst ein Kopfschütteln oder Stirnrunzeln. Natürlich gibt es auch Texte, die heute nicht mehr brauchbar sind, sei es, dass sie eine Ideologie mittransportieren, die letztlich schon immer falsch war, sei es, dass dogmatische Aussagen schlicht nicht biblisch sind. Die Leitung der Gruppenzusammenkünfte tut gut daran, diejenigen Texte, die von ihr eingebracht werden, auf solche Subtexte hin zu prüfen. Nichtsdestotrotz: Viele alte Texte sind zu schade, um sie einfach auf die Müllhalde der Geschichte zu werfen, da sie oftmals tiefe Wahrheit und Lebenserfahrung enthalten. Manchmal muss man sie in ihren historischen Kontext stellen, damit sie aus ihrer jeweiligen Zeit heraus verstanden und so auch eingeordnet werden können. So können oft Texte mit befremdlichen Aussagen in die eigene Zeit und das eigene Leben übersetzt werden. Als Einzelne bringen wir unseren begrenzten Schatz an Erfahrungen ins Gespräch mit solch alten Texten. Als Gruppe haben wir Zugang zu sehr viel mehr Lebens- und Glaubenserfahrung, besonders wenn die Gruppe altersdurchmischt ist. Diese Chance gilt es zu nutzen.

Die folgende Übung baut auf den Erfahrungsschatz und die Weisheit, die in einer Gruppe abgerufen werden können.

5 Sich einreihen in die Tradition

⊃ Die Gruppe sitzt in einem Stuhlkreis, um gut miteinander ins Gespräch zu kommen.
Einleitung: Entweder bringt die leitende Person ein altes, schwer verständliches Gebet mit, das sie wertvoll findet, oder in der Gruppe wurde beim vorangegangenen Treffen abgesprochen, welchen Text man gemeinsam betrachten möchte.
Im Plenum: Das gewählte Gebet wird gemeinsam gebetet. Langsam, Zeile für Zeile liest jemand den Text vor. Alle versuchen, sich auf ihn einzulassen. Anschliessend wird ein Moment der Stille gehalten, damit alle sich ihrer Gedanken und Gefühle bewusst werden und diese eventuell aufschreiben können.
Zu zweit: In Zweiergruppen erzählen sich die Teilnehmenden, was ihnen beim Hören des Gebets durch den Kopf und das Herz ging. Gemeinsam sammeln sie je auf einem Notizpapier positive Reaktionen auf den Text und auf einem anderen Fragen und abwehrende Reaktionen.
Im Plenum: Die Paare melden ihre Reaktionen zurück, diese werden, nach positiven und abwehrenden Reaktionen getrennt, auf je einem Plakat notiert. Mehrfache Aussagen, die in die gleiche Richtung gehen, werden als solche vermerkt. Diese weisen hin auf mögliche Schwerpunkte für das anschliessende Gespräch.
Zuerst werden Verständnisfragen geklärt. Es ist von Vorteil, wenn die Leitung den gewählten Text kennt und zur Vorbereitung studiert hat. Kann etwas im Moment nicht geklärt werden, lässt sich dies am nächsten Gruppentreffen nachholen.
Punkt um Punkt setzt sich die Gruppe nun mit den Fragen und Irritationen des Gebetstexts auseinander und versucht zu verstehen, warum Menschen früher solche Formulierungen gewählt haben. Was können uns gerade die sperrigen Sätze und Abschnitte lehren? Wozu fordern sie heute heraus?
Abschluss: Zum Schluss empfiehlt es sich, ein «Blitzlicht» zu machen. Das ist eine Methode, in welcher reihum jede und jeder in einem Satz oder einem Wort den anderen mitteilt, welchen Gedanken oder welche Einsicht er oder sie aus der Zusammenkunft mitnimmt. Es besteht immer die Möglichkeit, die Aussage eines vorangehenden Gruppenmitglieds zu wiederholen oder

nichts zu sagen und das Wort an den oder die Nächste weiterzugeben.
Ein Lied und das gemeinsam betrachtete Gebet schliessen die
Abschlussrunde ab.

5.4 Texte

Ich aus Deiner Hand

Immerfort empfange ich mich aus Deiner Hand.
So ist es und so soll es sein.
Das ist meine Wahrheit und meine Freude.
Immerfort blickt mich Dein Auge mich an,
und ich lebe aus Deinem Blick.
Du, mein Schöpfer und mein Heil.
Lehre mich, in der Stille Deiner Gegenwart,
das Geheimnis zu verstehen, dass ich bin
und dass ich bin durch Dich und vor Dir und für Dich.
   Romano Guardini (1885–1968)

Morgengebet von St. Patrick

Ich erhebe mich heute in gewaltiger Kraft,
kraft seiner Kreuzigung und Grablegung,
kraft seiner Auferstehung und Himmelfahrt
in Anrufung der heiligsten Dreifaltigkeit.
Ich erhebe mich heute in gewaltiger Kraft,
kraft seiner Wiederkunft zum Jüngsten Gericht,
in Anrufung der heiligsten Dreifaltigkeit.
Ich weihe mich heute Gottes wachendem Auge,
Gottes lauschendem Ohr,
in Anrufung der heiligsten Dreifaltigkeit.
Ich weihe mich heute Gottes mächtiger Führung,
Gottes offenen Wegen,
in Anrufung der heiligsten Dreifaltigkeit.

5 Sich einreihen in die Tradition

Ich weihe mich heute Gottes schützenden Händen,
Gottes bergendem Schild,
in Anrufung der heiligsten Dreifaltigkeit.

Christus, mein Herr, Christus, mein Erlöser!
Schirme mich vor den Fallstricken des Bösen,
gegen alle, die mir schaden wollen.
Christus, mein Herr, Christus, mein Erlöser!
Christus sei mit mir, Christus sei über mir,
er die Kraft, er der Friede!

Christus sei im Aug eines jeden, der auf mich sieht.
Christus sei im Ohr eines jeden, der auf mich hört.
Ich erhebe mich heute in gewaltiger Kraft,
kraft der Geburt Christi und seiner Taufe,
in Anrufung der heiligsten Dreifaltigkeit.
   St. Patrick (5. Jahrhundert)

Hingabe
Mein Vater,
ich überlasse mich dir.
Mache mit mir, was du willst.

Was du auch mit mir tun magst,
ich danke dir.
Zu allem bin ich bereit,
alles nehme ich an.
Wenn nur dein Wille sich an mir erfüllt
und an allen deinen Geschöpfen,
so ersehne ich weiter nichts, mein Gott.

In deine Hände lege ich meine Seele;
ich gebe sie dir, mein Gott,
mit der ganzen Liebe meines Herzens,

5 Sich einreihen in die Tradition

weil ich dich liebe,
und weil diese Liebe mich treibt,
mich dir hinzugeben,
mich in deine Hände zu legen,
ohne Mass,
mit grenzenlosem Vertrauen;
denn du bist mein Vater.

> Charles de Foucault (1858–1916),
> Hingabegebet des Ordens der kleinen Brüder Jesu.
> (Charles de Foucault legte das Gebet Jesus in den Mund.
> Es ist ein Gebet, das in seiner Radikalität letztlich nur im Glauben,
> dass Jesus mitbetet, nachgesprochen werden kann.)

Nichts soll dich ängstigen

Nichts soll dich ängstigen,
nichts soll dich quälen,
wer sich an Gott hält,
dem wird nichts fehlen.
Gott allein genügt.

> Teresa von Ávila (1515–1582)

Der HERR ist mein Hirt

Der HERR Herr ist mein Hirt, mir mangelt nichts,
er weidet mich auf grünen Auen.
Zur Ruhe am Wasser führt er mich,
neues Leben gibt er mir.
Er leitet mich auf Pfaden der Gerechtigkeit
um seines Namens willen.
Wandere ich auch im finstern Tal,
fürchte ich kein Unheil,
denn du bist bei mir,
dein Stecken und dein Stab,
sie trösten mich.
Du deckst mir den Tisch
im Angesicht meiner Feinde.

5 Sich einreihen in die Tradition

Du salbst mein Haupt mit Öl,
übervoll ist mein Becher.
Güte und Gnade werden mir folgen
alle meine Tage,
und ich werde zurückkehren ins Haus des HERRN
mein Leben lang.
    Psalm 23

Woher wird mir Hilfe kommen?
Ich hebe meine Augen auf zu den Bergen:
Woher wird mir Hilfe kommen?
Meine Hilfe kommt vom HERRN,
der Himmel und Erde gemacht hat.
Er lässt deinen Fuss nicht wanken;
der dich behütet, schlummert nicht.
Sieh, nicht schlummert noch schläft
der Hüter Israels.
Der HERR ist dein Hüter,
der HERR ist dein Schatten zu deiner Rechten.
Bei Tage wird dich die Sonne nicht stechen
noch der Mond des Nachts.
Der HERR behütet dich vor allem Bösen,
er behütet dein Leben.
Der HERR behütet deinen Ausgang und Eingang
von nun an bis in Ewigkeit.
    Psalm 121

Weitere Psalmen
Klage: Psalm 42, Psalm 44
Zuflucht: Psalm 62, Psalm 91
Gottes Nähe: Psalm 139

5 Sich einreihen in die Tradition

5.5 Erfahrungsberichte

Kampf mit dem alten Gebet
Ein älterer Pfarrkollege erzählt an einem Treffen unter Kolleginnen und Kollegen von einer Begegnung mit Gott am Tiefpunkt seines Lebens. Es war ein altes Gebet, das beinahe zum Abbruch einer Exerzitienwoche führte und schliesslich zum «Rettungsanker» wurde.

«Obwohl ich mich in dieser Lebensphase nach einer zerbrochenen Beziehung gerade ziemlich orientierungslos fühlte und mir der Glaube nichtssagend vorkam, meldete ich mich für eine Exerzitienwoche an. Irgendetwas zog mich an. Irgendwie hatte ich doch die Hoffnung, dass ich hier mit meinen Fragen an meine Zukunft weiterkam. Und schlussendlich der Gedanke: Nützt es nichts, so schadet es auch nicht. Ob der letzte Satz stimmt, war mir dann in den ersten Tagen des Kurses nicht immer so klar. All diese furchtbaren, unpersönlichen Texte aus der katholischen Liturgie! Und die Psalmen! Nichts ausser Ärger über die alten Worte, die doch heute und mir persönlich nichts mehr zu sagen hatten, wurde in mir geweckt. Und dann, in der Mitte der Woche, wurde es am schlimmsten: Das Gebet von Teresa von Ávila wurde zuerst gesungen und uns dann als Meditationsaufgabe für den Tag mitgegeben:

Nichts soll dich ängstigen,
nichts soll dich quälen,
wer sich an Gott hält,
dem wird nichts fehlen.
Gott allein genügt.

Vor allem die letzte Zeile des Lieds weckte solche Abscheu in mir, dass ich sie nicht mitsingen konnte: «Solo Dios basta!»

5 Sich einreihen in die Tradition

Welche Zumutung! Ich bin jung, ich habe Träume, die sich gerade zerschlagen haben. Soll ich nun, wenn ich den Glaubensweg weitergehen will, auf alles verzichten? Gott allein als Ziel sehen? Unmöglich!

Trotz des inneren Widerstands versuchte ich dennoch, mich mit dem Text zu beschäftigen. Was nur meine Abwehr und meinen Ärger und meine Unruhe verstärkte. Nach einer kurzen Überlegung, ob ich nicht besser diese unmögliche Exerzititenwoche beende, entschloss ich mich, doch besser meine Wanderschuhe zu schnüren, und ich machte mich auf den Weg. Eine Schlucht in der Nähe bot sich als Ziel meiner Wanderung an. Und obwohl ich versuchte, dem Text förmlich davonzulaufen, tönten mit jedem Schritt die Worte «Solo Dios basta!» mit. Und zuunterst in der Schlucht, im Dunkeln, neben dem rauschenden Wasser, begann sich etwas zu klären. Vielleicht war ich auch müde vom Kämpfen. Ich stellte mich dem unmöglichen Gedanken: Wenn Gott allein genügt, dann muss das im Leben erfahrbar werden. Unwillig willigte ich im Schutz der engen Schlucht ein, diesen Weg zu versuchen. Ich traf mit Gott eine Abmachung: «Wenn du allein genügen willst, dann fordere ich von dir Lebensglück. Egal wie. Aber Glück!»

Langsam wanderte ich wieder hoch zum Tagungszentrum. Und eigenartigerweise verlor der Text seinen lebensfeindlichen Schrecken.

Gott allein genügt. Dieses Paradoxon wurde mir zu meinem Glück. Leichteren Herzens ging ich nach der Exerzitienwoche zurück in mein Leben. Und ich fand mein Glück. Nicht immer so, wie ich es mir gewünscht hätte. Aber immer so, dass es mir als Glück erkennbar war. Das volle Leben mit Freude und Wachstum, Ärger und Freundschaft, Lernen und Rückschlägen.

Seither ist das Gebet von Teresa von Ávila meine ‹Notration› für dunkle Stunden. Ich habe erfahren, dass es wahr ist. Auch wenn es immer wieder neu durchbuchstabiert werden muss.»

5 Sich einreihen in die Tradition

Geborgen in den Traditionen
Eine Mutter, auf dem Bauernhof aufgewachsen, erzählt, wie sie geborgen im Rhythmus der traditionellen Gebete aufwachsen durfte und wie sie diese Praxis weiterführen und ihren eigenen Kindern mitgeben konnte.

«Ich geh mal davon aus, dass das angefangen hat mit dem Nachtgebet, bevor ich mich daran erinnern kann, was vermutlich war ‹Müde bin ich, geh zur Ruh› und ‹Ich bin klein, mein Herz mach rein› und ein Morgengebet ‹Fröhlich bin ich aufgewacht› und das Mittagsgebet war ‹Komm, Herr Jesus, sei du unser Gast›. Das hat sich durch meine ganze Kindheit durchgezogen. Als ich etwas älter war, hat das Morgengebet zum Kirchenlied ‹Befiehl du deine Wege› gewechselt. Und in der Kirche wurde das Unservater gebetet. So wurde man vertraut mit den Gebetstexten.

Und nun mit unseren eigenen Kindern: Sie wachsen mit den gleichen Gebeten auf. Und sogar, wenn zum Essen eine der Freundinnen unserer Töchter da ist, reichen wir uns ganz selbstverständlich die Hände um den Tisch, und das Tischgebet wird gemeinsam gebetet. Das gehört einfach dazu. Vermutlich denken wir nicht immer viel dabei. Da kann es auch vorkommen, dass wir schon am Essen sind, und eine sagt: ‹Wir haben ja gar nicht gebetet.› Und die anderen meinen, dass das schon geschah. Und doch ist es eine Erinnerung an den Glauben, auch wenn man nicht immer tiefe Gedanken damit verbindet.

Der Glaube hat einen Platz im Alltag.

Und vielleicht machen sich die Freundinnen unserer Töchter später einmal Gedanken zu dem, was wir da gebetet haben. So geht der Glaube weiter. Diese Gebete sind eine Verbindung und Erinnerung an den Glauben und die Tradition. Und das finde ich schon wichtig.»

«Psalm 42»

6 Warten

«Als nun die Zeit erfüllt und der Tag des Pfingstfestes gekommen war, waren sie alle beisammen an einem Ort.»
(Apostelgeschichte 2,1)

Als das jüdische Pfingstfest Schawuot gekommen ist, sind die Jüngerinnen und Jünger noch alle im Obergemach zusammen. Zum Glück reisst keinem der Geduldsfaden. Keine gibt das Warten auf. Sie bleiben beieinander und warten. Obwohl niemand weiss, wie lange es heisst zu warten. Obwohl vermutlich darüber diskutiert wird, ob das Ausharren wirklich noch sinnvoll ist. Obwohl sie sich immer wieder fragen, wie lange sie noch auszuharren sollen. Zwei Tage, drei Tage? Das lässt sich durchhalten. Dauerte es nicht auch nach der Kreuzigung drei Tage, bis ihnen der Auferstandene erschien?

Aber dann kommt ein vierter Tag, ein fünfter … Wie hat der Auferstandene dort auf dem Berg es genau formuliert? Wann soll der Geist für sie kommen? In wenigen Tagen, hat er gesagt. Was sind wenige Tage? Was genau haben die Engel, die Männer, gesagt, als sie sie darauf hinwiesen, dass der Blick in den Himmel im Moment nicht weiterführt und dass Jesus so wieder zurückkommen wird? Gab es eine Zeitangabe? Oder lässt sich eine genaue Zeitangabe aus anderen Aussagen Jesu errechnen? Wie viel einfacher wäre das Warten, wenn man wüsste, wie lange es noch dauert. Man könnte in der Zwischenzeit ja auch etwas erledigen, um dann zur richtigen Zeit wieder da zu sein.

Und wie genau wird sich das anfühlen, wenn der heilige Geist über sie kommt? Ist das spürbar und eindeutig?

Zehn Tage warten zu müssen, kann unendlich lang sein, wenn man nicht weiss, wann das Warten vorüber ist.

Aber die Jünger und Jüngerinnen Jesu warten geduldig.

6 Warten

6.1 Warten – eine Übung in Vertrauen

Warten war wohl nie etwas, das Menschen mochten. Aber schon immer gehörte es zum Leben. Alles Wachstum braucht Zeit und bedingt, dass man wartet. Keine Pflanze wächst schneller, wenn man ungeduldig an den Blättern zupft. Nichts reift vor seiner Zeit. Und obwohl diese Erfahrung alltäglich ist, fällt es immer wieder schwer zu warten. Ungeduldig hofft man, dass das Ersehnte bald eintrifft.

Heute dürfte Warten für viele noch schwieriger geworden sein. Wird über das Internet etwas bestellt, versprechen viele Anbieter, dass das gewünschte Objekt schon am nächsten Tag geliefert wird. Wird eine Mahlzeit bestellt, bringt der Lieferdienst das Begehrte wenige Minuten später. Alle Früchte sind während des ganzen Jahres verfügbar. Niemand muss auf die richtige Saison warten. Wenn alles in unserem Leben vermeintlich sofort und jederzeit verfügbar ist, dann wird es zunehmend schwerer zu akzeptieren, dass es Situationen gibt, die das Warten erfordern. Warten erinnert mich daran, dass ich mir nicht alles einfach nehmen kann. Es zeigt mir meine Abhängigkeit auf. Was ich mir nicht nehmen kann, muss mir gegeben werden. Das gilt auch für das Warten auf unerwünschte Ereignisse, wie das Warten auf Untersuchungsergebnisse oder auf Ergebnisse von schwierigen Besprechungen. Über das, was ich mir nicht nehmen kann, hat jemand anders die Verfügungsgewalt. Jemand oder etwas anderes bestimmt, wann ich das Gewünschte zur Verfügung habe. Ich kann unter Umständen bitten und nachfragen, ob mir das Erwartete schneller gegeben werden kann. Ich habe aber keine Macht über den Zeitpunkt der Ankunft des Ersehnten oder Befürchteten.

Wenn ich Gott im Gebet um etwas bitte, dann zeige ich damit, dass ich als Bittende und Wartende vor Gott stehe, dem Geber aller Gaben. Mit dem Gebet sage ich: Alles, was ich erbitte, lege ich dir, Gott, in die Hand. Ich vertraue darauf, dass er mir das Erbetene zukommen lassen wird, wenn es in Gottes Willen ist.

Mein Teil ist, bittend und vertrauensvoll zu warten. So wird das Warten im Gebet immer auch zur Vertrauensübung: Baue ich vertrauensvoll darauf, dass Gott mich mit seinen guten Gaben beschenken wird? Warte ich vertrauensvoll darauf, dass Gott den richtigen Zeitpunkt kennt, an dem ich das Ersehnte erhalte? Warte ich vertrauensvoll auf eine Antwort, die mir aufschliesst, warum Gott mein Gebet nicht erhört hat, zumindest nicht so, wie ich es mir erhofft habe?

Warten, ohne zu wissen, wie lange das Warten dauert, gehört ganz offensichtlich zum Gebet. Auch die Psalmen zeugen davon:

«Wie ein Hirsch nach frischem Wasser lechzt, so sehne ich mich nach dir, mein Gott! Ich dürste nach Gott, nach dem wahren, lebendigen Gott. Wann darf ich zu ihm kommen, wann darf ich ihn sehen?» (Psalm 42,1–3)

So betet der Psalmbeter. In vielen Bildern beschreibt er, wie er Gott vermisst, seine Nähe ersehnt und meint, ohne ihn zugrunde gehen zu müssen. Und immer wieder ermuntert der Betende sich im Refrain des Psalms selbst, nicht aufzugeben und weiter zu warten:

«Was bist du so gebeugt, meine Seele, und unruhig in mir? Harre auf Gott, denn ich werde ihn wieder preisen, ihn, meine Hilfe und meinen Gott.» (Psalm 42,6)

Zum «Harren» fordert der Betende des Psalms seine Seele auf. Harren, ein altes Wort, das im Alltag oft nur noch in der Redensart «Der Dinge harren, die da kommen werden» gebraucht wird. Harren, das heisst, hartnäckig warten. Gespannt Ausschau halten und nicht aufgeben. Dies ist im Blick auf das Beten immer wieder die grosse Herausforderung.

6.2 Einzelübungen: Ungeduld und Überdruss aushalten

Warten und Vertrauen kann man nicht wirklich «trocken» üben. Warten übt man beim Warten. Und wenn ich auf eine dringende Bitte keine Antwort zu erhalten scheine und dadurch gezwungen bin zu warten, dann ist das ein Ernstfall. Einüben aber kann man das Vertrauen. Denn Vertrauen baut auf Erfahrung. Wenn ich Gott in meinem Leben als vertrauenswürdig erlebt habe, dann wird es mir leichter fallen, ihm auch in Durststrecken des Wartens zu vertrauen. Wenn Beten zu meinem Leben gehört, dann werde ich auch in Zeiten, in denen Gott zu schweigen scheint, eher bereit sein, nicht aufgeben und weiterzubeten. Die beste Übung, das Warten zu trainieren, ist eine regelmässige Gebetspraxis.

Nun ist Beten nicht immer eine anziehende Tätigkeit. Nicht immer ist das Gespräch mit Gott attraktiv im wörtlichen Wortsinn – nicht immer zieht es mich zum Gebet. Dies ist eine Erfahrung, die nicht allein unserer modernen, schnelllebigen Zeit geschuldet ist. Schon die Wüstenväter, die ersten christlichen Mönche, machten die Erfahrung, dass es sie auch bei allem guten Willen nicht immer zum Beten hinzog. Darum wurde schon früher über diese «Trägheit des Herzens», wie dieser Unwille genannt wurde, in den Klosterregeln nachgedacht und dazu auch Hinweise zu ihrer Überwindung gegeben. Zusammenfassend ist die wichtigste Anweisung, die den Mönchen gegeben wurde: Dranbleiben. Wer der Trägheit des Herzens nachgibt und das Warten auf Gott und die Freude, die er schenken wird, aufgibt, der wird dieser besonderen Form der Trägheit (oder Lauheit, wie das Wort auch übersetzt werden kann) noch mehr ausgesetzt werden. Den Brüdern wurde empfohlen, im Gebet in der Zelle zu bleiben und Gott die eigene, physische Präsenz hinzuhalten. Oder in die Stundengebete zu gehen und darauf zu vertrauen, dass Gott den Willen, dabei zu bleiben, anerkennt, auch wenn das Herz im Moment nicht mitgehen kann. So scheint in der klösterlichen Tradition, in der viel Wissen um die Stolpersteine des Betens aufbewahrt ist, das Dranbleiben und Warten das beste Mittel gegen den Überdruss zu sein.

6 Warten

In einer Welt wie der unseren, in der es für alles eine Lösung zu geben scheint, wirkt dieser Rat etwas dünn. Weitermachen wie bisher. Warten, damit das Warten ausgehalten werden kann. Doch es lohnt sich, den bald zweitausendjährigen Erfahrungen in klösterlichem Leben zu vertrauen. Wer, wenn nicht diese Menschen, die das Beten als Lebensweg gewählt haben, haben Erfahrungen gesammelt, um auch mit der Schwierigkeit des Wartens und Hoffens auf eine Antwort von Gott, eine Begegnung seiner Liebe, eine Berührung durch seinen Geist, umzugehen?

6.2.1 Warten: Ich bin da – trotz allem

In Zeiten des Wartens auf Gottes (spürbare) Gegenwart fehlen oft auch die Worte zum Gebet. Dann kann es eine Hilfe sein, vorformulierte Texte zu brauchen. Das folgende Gebet ist ein Angebot, das auch erweitert und verändert werden kann – und vielleicht kristallisieren sich an diesem Gebet wieder eigene Gebetsworte heraus.

 Ich setze oder knie mich hin.
Bequem auf einen Stuhl.
Mit einer Gebetsbank oder auf einem Meditationskissen am Boden.
Gefaltete oder ineinandergelegte Hände helfen, sich zu zentrieren.
Geschlossene Augen lenken die Konzentration nach innen.
Ich werde still.
Meine unruhigen Gedanken, meinen Widerwillen zu beten, ignoriere ich.
Ich bete:
«Gott,
da bin ich.
Aber nicht ganz.
Mein Herz will nicht.
Und doch will ich.
Weil ich weiss, dass du Worte ewigen Lebens hast.
Darum bin ich da, wenn auch nicht ganz.
Bitte, schau auf meine Bereitschaft, trotz allem da zu sein – und

nicht auf mein unwilliges Herz.
Und bitte antworte bald.
Das Warten fällt mir so schwer.
Amen.»
Ich verharre in der Stille – und warte.

6.2.2 Warten mit Psalmengebet

Auch die Beterinnen und Beter in der Bibel kennen das Warten und sie sehnen sich danach, Gott zu begegnen. Es kann helfen, deren Texte zu eigenen Gebeten zu machen. Der Psalm 42 eignet sich dazu besonders gut. Es kann helfen, in Zeiten des Wartens diesen Psalm regelmässig zu beten, ihn gar auswendig zu lernen.

 Ich setze oder knie mich hin.
Bequem auf einen Stuhl.
Mit einer Gebetsbank oder einem Meditationskissen am Boden.
Gefaltete oder ineinandergelegte Hände helfen, sich zu zentrieren.
Geschlossene Augen lenken die Konzentration nach innen.
Ich werde still.
Ich bete Psalm 42 (z. B. in der Übersetzung der BasisBibel, wie er in 6.4. abgedruckt ist).
Wenn mich ein Vers oder auch nur ein Wort anspricht, verweile ich dabei. Es kann ein Schritt auf dem Weg zum Reden Gottes werden.
Wenn die Unruhe bleibt, bete ich den Psalm nochmals. Ich danke Gott für seine Nähe, auch wenn sie für mich im Moment unfassbar bleibt, und gehe wieder in meinen Alltag zurück.

6.3 Übungen für das Gespräch in der Gruppe:
Gemeinsam warten – gemeinsam tragen

Wer sehnsüchtig auf etwas wartet, das sich nicht einzustellen scheint, dem hilft es, wenn andere da sind, die ermutigen und unterstützen. Wer sich allein gelassen fühlt, kann leicht in Hoffnungslosigkeit versinken und befürchten, er oder sie sei der einzige Mensch, den Gott vergessen habe, alle anderen erhielten immer, was sie erhoffen. Auch wenn wohl die meisten wissen, dass dies nicht stimmt, flüstert die Mutlosigkeit solche Ideen ins Herz. «Nur ich bin bei Gott vergessen gegangen. Ich werde wohl etwas falsch machen, dass er mich nicht beachtet, meine Gebete nicht erhört …»

Wenn die Ängste und die Erfahrungen von Wüstenzeiten miteinander geteilt werden, dann kann gemeinsam getragen werden, was sonst leicht zu Hoffnungslosigkeit und Resignation führen kann. Natürlich müssen alle ihre Ängste letztlich selbst bewältigen. Aber zu hören, dass andere ähnliche Erfahrungen machen, hilft durchzuhalten. Zu wissen, dass man nicht alleine dasteht mit der Sehnsucht, endlich eine Antwort von Gott zu bekommen, ermöglicht es, einen anderen Blick auf das Warten zu erhalten und damit auch neue, hilfreiche Strategien entwickeln zu können.

6.3.1 Erfahrungen von Gottesferne teilen

Von anderen zu hören, dass auch sie Zeiten kennen, in denen Gott fern zu sein scheint und auf keine Anrede antwortet, hilft, diese Zeiten des Überdrusses und des Wartens auf Gott auszuhalten und zu realisieren, dass diese Erfahrungen nicht ein persönliches Problem sind, sondern zum Weg des Glaubens dazugehören.

> Die Gruppe sitzt in einem Stuhlkreis, um gut miteinander ins Gespräch zu kommen.
> **Einleitung:** Nach einem gemeinsamen Lied oder Psalmgebet (z. B. Psalm 40) wird ins Thema Warten, Sehnsucht und Enttäuschung eingeleitet. Es hilft immer, wenn die persönliche Betroffenheit schon am Anfang des Treffens deutlich werden kann, da es andere ermutigt, eigene Erfahrungen von Enttäuschung und Überdruss zu teilen.
> **Einzelübung:** Zunächst machen sich die Teilnehmenden für sich Gedanken zu folgenden Fragen:
> - Wie geduldig kann ich warten?
> - In welchen Situationen fällt mir das Warten besonders schwer?

- Wann kann ich gut geduldig warten? Warum ist es in diesen Situationen leichter als in anderen?

Hinweis: Wenn möglich, stelle ich mir konkrete Situationen vor.

Im Plenum: Anschliessend teilen alle, die möchten, Einsichten aus der Einzelarbeit.

Hinweis: Je nach Gruppengrösse kann es sinnvoll sein, das Plenum in kleinere Untergruppen aufzuteilen.

Zu zweit: Dann werden Paare gebildet, die miteinander Erfahrungen von Gottesferne teilen. Folgende Fragen können das Gespräch anregen:
- Habe ich schon Zeiten erlebt, in denen Gott mir fern erschien? Wie hat sich das angefühlt?
- Gibt es im Moment Fragen und Situationen, zu denen Gott zu schweigen scheint? Welche?
- Wie gehe ich damit um?

Im Plenum: Es wird zu einem Gedankenaustausch eingeladen, die Zweiergruppen teilen die Hauptgedanken mit den anderen. Ziel dieses Gesprächs soll sein, spürbar zu machen, dass Zeiten der Leere und Erfahrungen der Gottferne zum Glaubensleben dazugehören und nicht ein Zeichen von Unglaube sind.

Abschluss: Die Zusammenkunft wird mit einem gemeinsamen Gebet abgeschlossen.

6.3.2 Erfahrungen mit nicht erhörten Gebeten teilen

Gebete, die nicht erhört werden, gehören zu den schmerzlichen Erfahrungen, die Betende kennen. Und viele befürchten, dass es nur ihnen so ergeht oder dass sie gar etwas falsch machen oder machten und dass Gott deshalb nicht hören will. Der Austausch von hilfreichen Strategien kann eine grosse Hilfe sein, wie man mit unerhörten Bitten sinnvoll und weiterführend umgehen kann.

Die Gruppe sitzt in einem Stuhlkreis, um gut miteinander ins Gespräch zu kommen.

Einleitung: Die eigenen Fragen werden oft geweckt und angeregt, wenn man von anderen hört, welche Fragen sie beschäftigen. Es ist deshalb auch in dieser Übung hilfreich, wenn die Leitung zu Beginn

des Treffens mit ein paar persönlichen Hinweisen die Gedanken der anderen anregt.
Einzelübung: Alle sind eingeladen, in einem Moment der Stille sich über folgende Fragen Gedanken zu machen. Wer möchte, kann sich seine Antworten aufschreiben.
- In welchen Situationen hatte ich den Eindruck, dass Gott mein Gebet erhört hat? Erkannte ich die Erhörung sofort oder erst im Rückblick?
- Welche Formulierung halte ich für passender: Gott greift in mein Leben ein oder Gott hilft mir in meinem Leben?
- In welchen Situationen erlebte ich, dass Gott mein Gebet nicht erhörte? Wie schlimm war das für mich? Wie lange habe ich weitergebetet?
- Wie hat diese Erfahrung mein Verständnis von Gott und dem Gebet bewusst oder unbewusst verändert?

Zu zweit: In Partnerarbeit erzählen sich die Teilnehmenden ihre Erfahrungen zu erhörten und nicht erhörten Gebeten sowie die Schlussfolgerungen, die sie daraus gezogen haben. Die Leitung weist zuvor auf den Wert des genauen und sorgfältigen Zuhören hin. Oft sind gerade die Erfahrungen von nicht erhörten Gebeten schmerzlich und nicht einfach zu erzählen. Und oft findet sich in den leicht zu überhörenden Details ein wesentlicher Lösungsansatz, um persönlich weiterzukommen.
Im Plenum: Die Zweiergruppen erzählen die Highlights aus ihren Gesprächen: Was habe ich für mich gelernt? Was hat mir geholfen? Das Gespräch soll die Teilnehmenden erleben lassen, dass gerade die schwierigen Erfahrungen gemeinsam getragen werden können.
Abschluss: Ein gemeinsames Gebet oder Lied kann das Gruppentreffen abschliessen.

6.3.3 Dennoch weiter beten

Trotz Enttäuschungen hören die meisten Menschen nicht auf zu beten. Das scheint schon zu biblischen Zeiten so gewesen sein. Das «Trotzdem» der Enttäuschten tönt immer wieder in Psalmen und anderen Texten an: «Trotzdem bleibe ich immer bei dir.» (Psalm 73,23 BasisBibel). Die folgende Übung fördert den Austausch über Widrigkeiten und Enttäuschungen beim Beten, und die Teilnehmenden geben und bekommen Ermutigung, weiter zu beten.

> Die Gruppe sitzt in einem Stuhlkreis, um gut miteinander ins Gespräch zu kommen.
> **Einleitung:** Mit einem gemeinsamen Gebet beginnt das Gruppentreffen. Dann können folgende Gedanken ausgeführt werden: Viele Menschen hören nicht auf zu beten, auch wenn sie die Erfahrung machen, dass ein Gebet nicht erhört wurde. Was führt dazu, dass weiter gebetet wird, wenn es doch nichts «nützt»?
> **Einzelübung:** In einer ersten Runde suchen alle Teilnehmenden in ihren Erinnerungen nach Erfahrungen, bei denen sie von Gott enttäuscht waren: Eine Bitte, die ihnen wichtig war und die sich nicht zu erfüllen schien. Folgende Fragen können das Nachdenken anregen:
> - Welche Wirkung hatte diese Erfahrung bei mir?
> - Habe ich nachher weiter gebetet? Oder gab es eine Zeit von Distanz zu Gott?
> - Was hat mich dazu ermutigt, das Beten wieder aufzunehmen?
>
> **Im Plenum:** Die Teilnehmenden erzählen von ihren Überlegungen. Dem Wechsel von Enttäuschung zum «Dennoch beten» sollte besondere Beachtung geschenkt werden. Was half?
> Je nach Gruppengrösse lohnt es sich, im Plenum zu bleiben, um von möglichst vielen verschiedenen Erfahrungen profitieren zu können.
> Variante: Die Teilnehmenden notieren zuerst auf Plakaten die Gründe zum Weiterbeten und Weiterglauben. Anschliessend an den Austausch wird zu einem Gespräch über die verschiedenen Erfahrungen eingeladen.
> In einem «Blitzlicht» (zur Methode siehe 5.3.2) wird zum Schluss jede und jeder eingeladen zu teilen, ob und welche neuen Gedanken Mut machen. Dies hilft, stärkende Einsichten zu festigen.
> **Abschluss:** Ein gemeinsames Gebet oder Lied kann das Gruppentreffen abschliessen.

6.4 Texte

Gehalten
Herr, wenn der Strudel mich fortreisst,
wenn die Wellen des Lebens mich zudecken,
wenn sich die Schwierigkeiten wie Berge
vor mir auftürmen,
dann lass mich innehalten.
Bring den Sturm in mir
und um mich zum Schweigen.
Lass mich bei dir Ruhe finden.
Hilf mir, Durststrecken auszuhalten.
Lass mich den Weg durch die Wüste unter die Füsse
nehmen,
immer einen Schritt aufs Mal,
und schenk mir die Geduld weiterzugehen,
auch wenn weit und breit
keine Oase in Sicht ist.
Und wenn ich fürchte, dich zu verlieren,
lass dich umarmen,
lass dich festhalten und halte du mich.
Ich will mich nicht an dir festklammern
wie ein Ertrinkender an einem Strohhalm.
Ich will festhalten an dem,
was du bereits getan und gesagt hast.
Daraus wächst Hoffnung,
weil ich weiss, dass in allem, was passiert,
ich von dir gehalten bin.
Amen.
    Thomas Bachofner

Auferstandener Christus
Auferstandener Christus,
du hauchst über uns alle

wie einen leichten Wind deinen Heiligen Geist
und du sagst zu uns: «Friede euch allen.»
Deinen Frieden annehmen,
sich von ihm durchdringen lassen
bis in die rauen Steinwüsten unseres Herzens,
heisst sich darauf vorbereiten,
zu Trägern der Versöhnung zu werden,
dort, wo du uns hingestellt hast.
Doch du weisst, wie hilflos
und unvorbereitet wir manchmal sind.
Komm und gib,
dass wir in Stille warten
und so unter den Menschen
einen Hoffnungsstrahl durchscheinen lassen.
   Frère Roger

Du wartest auf uns
Du wartest auf uns,
bis wir geöffnet sind für dich;
wir warten auf dein Wort,
das uns aufschliesst.
Stimm uns ab auf deine Stimme,
auf deine Stille,
deinen Sohn sprich uns zu:
Jesus, das Wort deines Friedens.
   Huub Oosterhuis

Sehnsucht nach Gott und seinem Heiligtum
Wie eine Hirschkuh im trockenen Bachtal
nach frischem Wasser schreit –
so sehne ich mich, Gott, nach dir!
Meine Seele dürstet nach Gott,
nach dem Gott meines Lebens.
Wann darf ich zum Tempel kommen

und dort das Angesicht Gottes schauen?
Tränen sind mein einziges Brot,
am Tag und in der Nacht.
Die ganze Zeit sagt man zu mir:
«Wo ist denn nun dein Gott?»
An meine Tränen will ich denken
und mir alles von der Seele reden –
wenn ich hinüberziehe in festlicher Schar,
wenn ich wandere zu Gottes Haus.
Dem Lärmen der Feiernden will ich folgen,
dem Schall ihrer Jubel- und Dankgesänge.
Was bist du so bedrückt, meine Seele?
Warum bist du so aufgewühlt?
Halte doch Ausschau nach Gott!
Denn bald werde ich ihm wieder danken.
Wenn ich nur sein Angesicht schaue,
ist mir schon geholfen.

Mein Gott, so bedrückt ist meine Seele in mir.
Darum will ich an dich denken –
im fernen Land bei den Quellen des Jordan
und beim Hermongebirge am «Kleinen Berg».
Dort rauschen die Fluten der Urzeit.
Dort tosen deine Wasserströme.
Alle deine Wellen und Wogen –
sie schlugen über mir zusammen!
Am Tag schenkt der HERR mir seine Güte
und bei Nacht dank ich ihm mit einem Lied –
mit einem Gebet zum Gott meines Lebens!
Zu Gott, meinem Fels, will ich sagen:
Warum hast du mich vergessen?
Warum muss ich so traurig durchs Leben gehen,
bedrängt von meinem Feind?
Todesschmerz fährt mir durch Mark und Bein,

wenn meine Gegner mich verhöhnen.
Die ganze Zeit sagt man zu mir:
«Wo ist denn nun dein Gott?»
Was bist du so bedrückt, meine Seele?
Warum bist du so aufgewühlt?
Halte doch Ausschau nach Gott!
Denn bald werde ich ihm wieder danken.
Wenn ich nur sein Angesicht schaue,
hat mir mein Gott schon geholfen.
Psalm 42 nach der BasisBibel

Sehnsucht
Mensch, du kannst dich nach nichts so sehr sehnen,
wie Gott sich nach dir sehnt.
Meister Eckhart (1260–1328)

Wider verkrampftes Warten
Zum Erzbischof von St. Petersburg kam eine ältere Dame: «Herr Erzbischof, ich habe jahrelang eine Stunde lang das Jesusgebet gebetet und habe dabei nie die Nähe Gottes erfahren. Dabei ist sie solchen Betern doch versprochen, oder nicht?»
Der Erzbischof, der sie und ihre Lebensumstände näher kannte, gab zur Antwort: «Liebe Frau, beten Sie ab heute das Jesusgebet nicht mehr. Ich rate Ihnen etwas anderes: Wenn Sie am Morgen Kaffee getrunken haben, räumen Sie Ihr Zimmer auf. Rücken Sie Ihren Lehnstuhl zurecht, sodass Sie in den Garten hinausschauen können. Und dann legen Sie Ihr Strickzeug bereit. Setzen Sie sich dann in den Lehnstuhl und schauen Sie im Zimmer umher. Freuen Sie sich daran, welch schönes Zimmer Sie haben. Dann schauen Sie in den Garten hinaus: Alles blüht. Freuen Sie sich darüber. Greifen Sie dann zum Strickzeug und fangen Sie an zu stricken. Stricken Sie eine Viertelstunde vor Gott. Lassen Sie ihn dabei zuschauen.

Mehr brauchen Sie nicht zu tun. Ja, Gott nur beim Stricken zuschauen lassen! Jeden Tag – eine Viertelstunde lang.»
Die Frau, verwundert, bedankte sich und ging.
Nach einem halben Jahr kam sie wieder: «Herr Erzbischof, ich danke Ihnen! Was ich ein Leben lang vergebens gesucht habe, habe ich nun gefunden: Die Nähe Gottes!»

Herkunft unbekannt

6.5 Erfahrungsbericht

Erfüllte und unerfüllte Wünsche

Eine Frau im mittleren Alter erzählt im Rückblick auf ihr Leben Erfahrungen, die sie mit dem Beten machte. Sie kann eine lange und vielfältige Gebetsgeschichte erzählen, hat aber selber nie den Eindruck, dass sie «Gebetsspezialistin» sei. Sie empfindet sich noch immer als lernende Anfängerin.

«So manches habe ich im Lauf meines Lebens von Gott schon erbeten. Angefangen bei kindlichen Wünschen nach Haustieren oder der Bitte um Schutz und Bewahrung von mir lieben Menschen. Später dann die grossen Bitten um das Gelingen einer Partnerschaft mit genau diesem «Prinzen» oder dann halt dem nächsten.

Im Rückblick bin ich Gott dankbar, dass viele dieser Wünsche nicht in Erfüllung gingen. Obwohl ich in dem Moment so sehr von der Richtigkeit und Wichtigkeit der Bitten überzeugt war, war das, was dann wirklich geschah, so viel besser, als ich es mir hätte erträumen können.

Anderes erfüllte sich erst nach Jahren. So die Bitte um Haustiere. Erst viel später realisierte ich, dass sich dieser Wunsch erfüllt hatte. Zufall? Wenn ich diesen «Zu-Fall» als Antwort auf mein kindliches Bitten verstehe, dann ist er gefüllt mit der liebevollen Zuwendung Gottes. Und das macht die Erfahrung für mich tiefer und reicher und verbindet sie mit der weiten Dimension der göttlichen Realität.

Aber es gab auch Bitten, die sich nie erfüllten. Krankheiten von lieben Menschen, die nicht geheilt wurden. Unheil, das nicht abgewendet wurde. Warum? Für manches habe ich bis heute keine Antwort. Nur die Erfahrung, dass Gott auch im Dunkeln da ist. Dass er in und trotz allem Leben und Freude schafft. Dass ich es immer wieder schaffte, solche Dürrezeiten auszuhalten, verdanke ich auch Menschen, die mich in diesen Zeiten begleiteten, die mit mir und für mich glaubten und hofften. Und vielleicht auch einer gewissen Sturheit, trotz allem an diesem Gott festzuhalten. Und manchmal blieb nur noch die Unschlüssigkeit und Energielosigkeit, doch einen anderen Weg zu gehen. So wartete ich weiter auf Gott, auch wenn ich nichts spürte und nichts mehr von ihm erwarten konnte.

Manches Warten und Hoffen entpuppt sich erst im Rückblick als sinnvoll und gut. Anderes bleibt rätselhaft und schmerzlich.

Kann ich heute besser warten? Ich hoffe immer noch, es zu lernen!»

«Durchbruch»

7 Vom Geist überrascht

> «Als nun die Zeit erfüllt und der Tag des Pfingstfestes
> gekommen war, waren sie alle beisammen an einem Ort. Da
> entstand auf einmal vom Himmel her ein Brausen, wie wenn
> ein heftiger Sturm daherfährt, und erfüllte das ganze Haus, in
> dem sie sassen; und es erscheinen ihnen Zungen wie von Feuer,
> die sich zerteilten, und auf jeden von ihnen liess eine sich
> nieder.» (Apostelgeschichte 2,1–3)

Jesus zog mit seinen Jüngerinnen und Jüngern als Wanderprediger herum. Er erzählte ihnen und dem einfachen Volk Geschichten vom Gottesreich, heilte Kranke, verbreitete Hoffnung auf ein gutes Leben und machte durch sein Leben und Wirken Gottes Nähe spürbar. Welchen Sinn hatte es für die Nachfolgenden Jesu, mit ihm unterwegs zu sein? Sie spürten, dass ihre Identität in Jesus begründet war. Mit ihm waren sie unterwegs, um die neue Welt Gottes zu erfahren. Sie konnten bei dieser umwälzenden Erneuerung dabeisein. Sie hatten ihren Platz und ihre Aufgabe.

Nach der Katastrophe des Karfreitags ist ihr Leben und ihre Identität zutiefst erschüttert. Sie wissen nicht mehr, wofür sie da sind und welche Ziele sie in ihrem Leben verfolgen sollen. Die Ostererscheinungen des Auferstandenen befreien sie nur teilweise aus dieser Unsicherheit. Jesus ist nun nicht mehr ihr ständiger Begleiter, den sie jederzeit ansprechen können. Dies macht ihnen deutlich, dass es nicht wie vorher weitergehen würde. Aber wie und was das Neue war, das können sie sich nicht vorstellen.

Und dann stürzt sie die Himmelfahrt Jesu erneut in grosse Unsicherheit. Was ist nun ihr Platz in der Welt und in Gottes Reich? So wird die Bitte um den Geist auch zu einer Bitte um Weisung, wie es für sie weitergehen soll. Das Warten wird auch zu einer Suche nach einer neuen Identität. Die Jüngerinnen und Jünger fragen sich: Wer sind wir, wenn Jesus uns nicht mehr vorangeht? Was ist unsere Aufgabe im Gottesreich, das Jesus verheissen hat? Wie ist unser Verhältnis zum Tempel, zum Glauben unserer Väter und Mütter? Wird nun alles neu? Oder sollen wir doch in unser altes Leben zurückkehren, das wir früher geführt haben?

Vermutlich sind die Herzen und Köpfe derer, die im Obergemach sitzen, mit mehr Fragen als Antworten gefüllt. Und immer wieder bewegt sie die Frage: Wie und wann kommt der versprochene Geist? Und erkennen wir ihn dann auch? Natürlich kennen sie die Geschichten von Elia, der sich im Felsspalt bergen musste (1. Könige 19), als Gott an ihm vorbeiging, oder die Geschichte von Moses, dem Gott im brennenden Dornbusch begegnete (2. Mose 3) und der später die Zehn Gebote auf dem wolkenverhangenen und durch Feuererscheinungen erhellten Sinai empfing (2. Mose 19). Wird die Erfahrung für sie ähnlich sein? Oder würden sie wie Propheten Visionen empfangen oder wie Könige Einsicht in Gottes Weisheit erhalten? Man kann sich gut vorstellen, dass sich je nach Temperament jede und jeder eine andere Vorstellung vom Kommen des heiligen Geistes gemacht hat.

Und alle werden sie von Gottes Geist überrascht! Es bleibt kein Raum für die Infragestellung der Erfahrung: Der Sturmwind und die Feuerflammen, die Begeisterung und die Erfüllung mit Leben und Mut lassen keinen Zweifel daran, ob dies nun die Erfüllung mit Gottes Geist ist oder nicht. Sie sind sich sicher: Gott selbst hat uns berührt! Das ist für sie, die den Geist von Pfingsten erfahren, einfach klar. Die Jüngerinnen und Jünger wissen nun, wofür sie da sind, Angst und Zweifel sind verflogen. Sie beginnen, von ihren Erfahrungen mit Jesus zu erzählen und berichten begeistert von Gottes guten und heilsamen Plänen für die Welt. Sie spüren, dass sie Teil vom Aufbau des Gottesreichs sind, und das gibt ihnen Lebenssinn und Identität. Die Begeisterung und Ermutigung lassen sie die Türen öffnen, die Angst vor Verfolgung überwinden und auf die Menschen in Jerusalem zugehen. Von ihrer Pfingsterfahrung müssen sie allen erzählen, denn Gott will, dass alle Menschen von seiner Liebe erfahren. So hatten sie es schon mit Jesus erlebt. Sie merken, dass die Pfingsterfahrung ihr Leben mit den Jahren des Unterwegsseins mit Jesus verbindet. Eine neue Zeit beginnt, die doch keiner der Erfahrungen, die sie mit dem vorösterlichen Jesus gemacht haben, den Wert nimmt.

7.1 Sich überraschen lassen

Wenn heute gebetet wird, ist für viele der Wunsch, Gott zu begegnen, nicht unbedingt der erste Gedanke. Viele möchten im Gebet zur Ruhe kommen, persönliche Fragen vor Gott bewegen und klären. Andere haben Namenslisten von Menschen und weitere Anliegen, die sie Gott in der Fürbitte vorlegen. Der Gedanke, dass Gott sie ansprechen könnte, dass er, der Allmächtige, mit seiner Kraft und Liebe, mit Einsicht und Visionen, mit Ermutigung und Ideen ihnen unmittelbar begegnen könnte, ist vielen Betenden fremd. Selbst wenn in vorformulierten Gebeten um den heiligen Geist gebetet wird, stellen sich die wenigsten eine Erfahrung vor, die dem Pfingsterlebnis der Apostelgeschichte nahekommen könnte. Dass die Bitte um den heiligen Geist eigentlich die Bitte um Gottes erfahrbare Gegenwart und Berührung ist, wird selten erwartet. Gerade in den reformierten Kirchen wird die Bedeutung des Glaubens, der durchhält, auch wenn nichts sichtbar und erfahrbar ist, betont. Das hat bei vielen dazu geführt, dass das hoffnungsvolle Vertrauen, ohne «Zeichen und Wunder», als Normalfall des Glaubens gilt. Betende erhoffen sich zwar ein wohliges, geborgenes Gefühl durch die Gegenwart Gottes, aber eine Pfingsterfahrung? Das wirkt auf viele doch eher exotisch und beunruhigend.

Wenn wir nun aber davon ausgehen, dass das Beten nicht ein Selbstgespräch ist, in dem ich letztlich nichts anderes als meine eigenen Gedanken denken kann, dann ist Beten ein Gespräch mit dem Schöpfergott, der durch den Geist aus dem Chaos Leben

7 Vom Geist überrascht

schafft. Und dann sind Überraschungen eigentlich nicht überraschend! Wer dem Lebensspender begegnen will, wird sich nicht über geschenktes, überfliessendes Leben wundern können. Wer um den heiligen Geist bittet, der allen versprochen ist, die Gott bitten (Lukas 11,13), kann letztlich nicht erstaunt sein, wenn er von Gott mit dem Geist beschenkt wird, der erneuert, verändert und uns über uns hinausführt (dies ist die wörtliche Bedeutung von Ekstase).

Die Pfingstgeschichte macht deutlich, dass Gottes Geist, wenn auch als Taube dargestellt, kein sanfter Vogel ist, der uns allenfalls ein paar schöne Gedanken zugurrt. In Schottland findet sich, in der Tradition der keltischen Christenheit, interessanterweise ein anderes Bild: Der heilige Geist wird dort mit einer Wildgans verglichen. Wie die Wildgänse ist der Geist ein Teamplayer. Gänse sind gemeinsam stark und können riesige Strecken überwinden, indem sie ihre Kräfte gemeinsam einteilen. Aber wenn sie an einem Ort landen, dann sind sie durchaus auch eine Plage! Zwar geliebt und mit Freude gesehen, aber eben auch laut, störend und fordernd. So zeigt sich auch der Geist Gottes überraschend, die wohlige Bequemlichkeit aufrüttelnd und fordernd. Natürlich auch tröstend und leitend, ermutigend und anerkennend. Aber immer und immer wieder fordernd und überraschend.

Die Geschichte von der Berufung Moses (2. Mose 3) zeigt etwas von dieser Seite von Gottes Geist: Der heilige Geist wird an dieser Stelle zwar nicht ausdrücklich erwähnt, aber die Feuererscheinung des Dornbuschs, der brennt und doch nicht verbrennt, verbindet sich in der Pfingstgeschichte mit den Feuerflammen, die sich auf die vom Geist Berührten setzen, ohne sie zu verbrennen. Gott stellt sich geheimnisvoll als der «Ich werde sein, der ich sein werde» (2. Mose 3,14) vor. Diese Worte sind schillernd und oszillierend und zeigen, dass Gott auch in seiner Selbstvorstellung der Verborgene bleibt. Mose wird von diesem unfassbaren Gott zu einer Aufgabe gerufen, die er nicht will. Und Gottes Stimme lässt nicht locker. Gott lässt zwar mit sich diskutieren und geht auf Moses Bedenken und Ängste ein. Nach langem Hin und Her schliesst Gott das Gespräch mit Mose schroff ab, gibt ihm dennoch zwei ermutigende Hinweise mit: Aaron, sein eloquenter Bruder, kommt ihm entgegen und wird ihn bei seiner grossen Aufgabe unterstützen, und der Stab, den er in Händen hält, mit dem werden Zeichen gewirkt werden (2. Mose 4,14–17).

Unsere Vorstellungen von Gott werden von Gott selbst immer wieder überholt und geweitet – wenn wir uns diesen Erfahrungen nicht verschliessen. Mose hätte nicht von seinem Weg abweichen müssen, als er den brennenden Dornbusch sah. Seine Offenheit und Neugierde führten ihn zur Begegnung mit Gott. Die innere Bereitschaft, Gott auch überraschend zu begegnen, die Offenheit, Gott nicht nur wohltemperiert und in den bekannten Formen zu erleben, wird zu Erfahrungen führen, die uns neue Dimensionen eröffnen.

Paulus stellt die Nachfolgenden Jesu in die tiefe Beziehung hinein, die Jesus mit Gott hatte. Es ist der Geist, der uns diese Beziehung aufschliesst und uns unsere Identität zusagt:

«Ihr habt doch nicht einen Geist der Knechtschaft empfangen, um wiederum in Furcht zu leben; nein, ihr habt einen Geist der Kindschaft empfangen, in dem wir rufen: Abba, Vater! Eben dieser Geist bezeugt unserem Geist, dass wir Kinder Gottes sind. Sind wir aber Kinder, dann sind wir auch Erben: Erben Gottes, Miterben Christi, sofern wir mit ihm leiden, um so auch mit ihm verherrlicht zu werden.» (Römer 8,15–17)

Gottes Geist, das ist Gottes Angesicht, mit dem er uns begegnet. Durch seinen Geist spricht er zu uns und leitet uns im Leben. Nicht nur durch biblische Texte und Predigten, sondern auch in und durch unser Beten, ja, durch alles, was uns begegnet. Auch Erfahrungen von Schönheit in der Kunst und das Staunen über die Schöpfung können hineinführen in eine Begegnung mit dem Schöpfer, der alle Schönheit und den Kosmos ins Sein rief. In

7 Vom Geist überrascht

einer Haltung des Gebets, der inneren Offenheit Gottes Geist gegenüber, kann ich seine Stimme erkennen und prüfen, was Gott mir sagt.

So erneuert und verändert die Erfahrung des Betens uns selbst und unser Umfeld. Gott scheint selbst durch einen Esel sprechen zu können (4. Mose 22). Wer weiss, durch welchen «Esel» er mir begegnen will?

Das machen biblische Texte deutlich: Gottes Geist überrascht immer, im Blick auf den Zeitpunkt, im Blick auf die Art und Weise, wie er mir begegnet, und auch im Blick auf die Auswirkungen, die diese Erfahrung auf das weitere Leben hat.

Gott scheint nicht nach dem für den Menschen passenden Zeitpunkt zu fragen, wann Begegnung mit ihm geschehen darf. Die Jüngerinnen und Jünger hätten sich nach Auffahrt eine kürzere Wartezeit gewünscht. Auch die Propheten sehnten sich oft lange nach dem Reden Gottes in dunkeln Zeiten. Mose hätte sich sein Leben als Hirt seines Schwiegervaters auch ohne die Begegnung am Dornbusch vorstellen können, und David machte sich als König lächerlich, als er vor der Bundeslade her tanzte, bewegt vom heiligen Geist (2. Samuel 6,5).

Vielleicht passen überwältigende Erfahrungen mit dem Geist Gottes nie in unser kleines alltägliches Leben. Und es sind auch nicht alle Erfahrungen des Geistes Gottes der Pfingsterfahrung ähnlich. Gottes Reden kann durchaus leiser und verwechselbarer geschehen. Ein Traum, eine Intuition, ein flüchtiger Gedanke. Aber auch da stellt sich die Frage, ob die Zeit passt, um genau hinzuhören. Das Berührtwerden mit Gottes Geist ist unverfügbar.

Und Gott spricht nicht so, wie wir uns das vielleicht vorstellen oder wünschen. Die Pfingsterfahrung war elementar: Feuer und Wind. Kein klärendes Prophetenwort, keine Weisheitsrede, sondern Begeisterung, Ekstase. Verwechselbar mit einem Rausch. Auch unserem Beten stellt sich immer wieder die Frage, was wir hören möchten und ob wir uns auch für Neues, Unbekanntes und Unerwartetes öffnen können.

Die Folgen des Wirkens von Gottes Geist sind wenig absehbar. Mose wird trotz seiner Redeschwäche zum Führer des Volkes Israel. Noch heute erfahren Menschen, dass sie in der Begegnung mit Gott für Aufgaben berufen werden, die sie sich nie erträumt und nie zugetraut hätten. Manche entwickeln Begabungen, von denen sie nicht einmal ahnten, dass sie in ihnen schlummern. Auch heute kann das Berührtwerden mit dem Geist Gottes Bekanntes und Gewohntes sprengen und das eigene Leben und Wirkungsfeld auf den Kopf stellen.

Darum stellt sich im Blick auf die Bitte um den heiligen Geist nicht nur die Frage, wie und wann Gott diese Bitte beantwortet, sondern auch, ob ich bereit bin für Gottes Antwort. Oder erlebe ich das Wirken des Geistes nicht, weil ich mich vor Gottes überraschendem Wirken und den Konsequenzen für mein Leben fürchte?

7.2 Einzelübungen: Bereit werden für Gottes Überraschungen

Menschen sind verschieden. Es gibt Menschen, die freuen sich über Überraschungen, seien es Geschenke oder überraschende Besuche. Andere hingegen sind schnell überfordert, wenn es nicht nach Plan läuft, und sie tun sich schwerer mit Unvorhergesehenem. Diese Grundgestimmtheit unseres Wesens ist zuerst einfach eine Tatsache, die es anzuerkennen gilt.

7.2.1 Überraschungen – Freude oder Störung?

In der ersten Übung geht es darum, den eigenen Umgang mit Überraschungen zu erkunden. Und wenn möglich zu erweitern.

➲ Ich öffne mich für Gott und bitte ihn, meine Gedanken zu leiten und mir zu zeigen, wo und wie ich in der Offenheit ihm gegenüber wachsen kann.
Folgende Fragen beantworte ich aus meiner Lebensgeschichte und Erfahrung. Vielleicht hilft das schriftliche Festhalten, um klarer und präziser formulieren zu können.
- Ganz allgemein: Freue ich mich über Überraschungen?

- Wenn ja, was gefällt mir daran?
- Wenn nein, was stört mich an ihnen?
- Welche Gefühle löst eine Planänderung in mir aus?
- Wie reagiere ich auf plötzlich auftauchende neue Umstände, die meine Ideen und Pläne durcheinanderbringen?
- Welche Überraschungen stören mich am meisten?
- Welche Überraschungen freuen mich?
- Gott will zu uns reden und uns begegnen: Kann ich mir vorstellen, dass er mit *mir* redet? Kann ich Gott hören? Will ich Gott hören? Wo? Im Gottesdienst? In biblischen Texten? Während meiner Gebetszeiten?

Ich schliesse das Gebet mit der Bitte um den heiligen Geist ab.

7.2.2 Mich öffnen für Gottes Reden

Gott redet. So wird es in der Bibel erzählt. Und wir dürfen darauf vertrauen, dass er nicht nur damals mit den Propheten sprach, sondern dass er dies auch heute tut, dass Gott mit mir spricht. Dieses Reden kann ganz verschieden aussehen: Es kann sich in Form von inneren Bildern zeigen, von Worten aus der Bibel, die hartnäckig in meine Erinnerung kommen, in Form von Liedtexten, die mich anrühren, von Gedanken, die aus dem Nichts aufzutauchen scheinen. Jede und jeder muss für sich entdecken, wie Gott zu ihm oder zu ihr spricht. Dies ist so unterschiedlich, wie wir verschieden sind.

Übung hilft uns, die eigenen Gedanken und Wünsche vom Reden Gottes zu unterscheiden. Und das «reine» Vernehmen der Stimme Gottes wird es nicht geben, da Gott eben Gott ist und wir fehlbare Menschen. Bei aller Offenheit für Gottes Geist: Die menschliche Erkenntnis des Redens Gottes bleibt Stückwerk (1. Korinther 13,9), unsere Anliegen, Hoffnungen und Wünsche werden sich mit dem Reden Gottes vermischen.

Und dennoch: Die biblischen Zeugnisse machen uns Mut, trotzdem Gottes Reden zu erwarten. Gott scheint sich nicht vor «Vermischung» mit Menschlichem zu scheuen!

7 Vom Geist überrascht

In dieser Übung versuche ich, nicht nur still zu werden, sondern zu hören, aufmerksam zu sein auf mir zu-fallende Gedanken, innere Bilder, Liedtexte usw. Alles kann eine Anrede Gottes sein.

 Ich setze oder knie mich hin.
Bequem auf einen Stuhl.
Mit einer Gebetsbank oder einem Meditationskissen am Boden.
Gefaltete oder ineinandergelegte Hände helfen, mich zu zentrieren.
Geschlossene Augen lenken die Konzentration nach innen.
Ich werde still.
Ich bitte Gott darum, mir seinen Geist zu schenken:
«Gütiger Gott,
Du hast den Geist versprochen, wenn wir dich darum bitten.
So bitte, komm und erfülle mich mit deiner heiligen Gegenwart,
erfülle mich mit deinem Leben
öffne meine inneren Ohren,
öffne mein Herz,
und rede!
Ich höre.»
Ich verharre in der Stille in Aufmerksamkeit auf Gott. Bilder und Gedanken, die aufsteigen, betrachte ich. Werden sie stärker, verfolge ich sie. Lenken sie mich ab, weil sie mich zum Beispiel an meine täglichen Aufgaben erinnern, schreibe ich das Nötige auf einen Notizzettel und lege ihn beiseite.
Ich schreibe Gedanken, Bilder, Liedtexte, Bibelstellen usw. in mein Gebetstagebuch.

Nicht immer spricht Gott. Nicht immer ist Weiterführendes zu hören. Aber wenn ich nie vor Gott in der Stille verweile, dann werde ich gewiss nichts zu hören bekommen.

Und manchmal redet Gott ganz anders. Und sagt mir ganz anderes, als zu erwarten war: Er überrascht!

7.3 Übungen für das Gespräch in der Gruppe: Umgang mit Überraschungen

Wenn wir unseren Umgang mit Überraschungen mit anderen teilen, können wir voneinander lernen. Wenn andere Menschen Wege kennen, um mit Ungeplantem und mit Unsicherheit umzugehen, dann könnte das für mich auch eine Bewältigungsstrategie werden. Und vielleicht kann die Freude anderer an Überraschungen für diejenigen ansteckend wirken, die ihr Leben lieber durchgeplant haben. Die folgenden Übungen leiten dazu an:

7.3.1 Überraschungen: Störung oder Grund zur Freude?

Von überraschenden Erfahrungen in der Nachfolge Jesu Christi zu hören, stärkt und ermutigt die Gruppenmitglieder, mehr zu erwarten von Gott – auch wenn dies bedeutet, sich auf Überraschungen einzulassen.

> Die Gruppe sitzt in einem Stuhlkreis, um gut miteinander ins Gespräch zu kommen.
> **Einleitung:** Nach einem gemeinsamen Lied oder Gebet erzählt die Leitung von ihrem eigenen Umgang mit Überraschungen. Je nach Gruppe kann das ein alltägliches Erlebnis sein, oder, wenn die Teilnehmenden schon länger zum Thema Beten miteinander unterwegs sind, kann dies auch eine überraschende geistliche Erfahrung sein. Natürlich geht es nicht darum, «spirituelle Heldentaten» zum Besten zu geben. Dies kann andere entmutigen, da sie meinen, auch von Visionen, Auditionen, Wundern oder ähnlichem berichten zu müssen, wenn sie «richtig» auf ihrem spirituellen Weg unterwegs sein wollen. Es geht allein darum, die Offenheit Gott gegenüber zu schärfen, nicht zu spirituellen Meisterleistungen aufzufordern.
> **Zu zweit:** Es werden Paare gebildet, die miteinander ins Gespräch kommen, indem sie Sätze vollenden, zum Beispiel:
> - Ich habe gerne Überraschungen, die …
> - Ich habe gerne Überraschungen, weil …
> - Ich mag keine Überraschungen, weil …
> - Von Gott überrascht werden, verstehe ich folgendermassen: …

7 Vom Geist überrascht

Im Plenum: Anschliessend berichten die Paare im Plenum von den Perlen ihres Gesprächs. Es empfiehlt sich, anschliessend sich als ganze Gruppe über den unterschiedlichen Umgang mit Überraschungen auszutauschen.
In einem weiteren Schritt stellen sich die Teilnehmenden die Frage: Wie kann ich meinen Umgang mit Überraschungen erweitern? Evtl. können die Fragen der folgenden Gruppenübung schon in diese Übung integriert werden.
Abschluss: Die Runde wird mit einem gemeinsamen Gebet abgeschlossen.

7.3.2 Sich von Gott überraschen lassen?

In dieser Übung loten die Gruppenmitglieder miteinander aus, was es heissen könnte, einem Schöpfergott zu begegnen, der Neues schafft und Leben, auch mein Leben, verändern kann. Wie fühlt sich das an? Was löst diese Vorstellung in mir aus? Der Austausch untereinander erweitert und vertieft die Möglichkeiten des Umgangs mit Überraschungen, die Gott schenken kann.

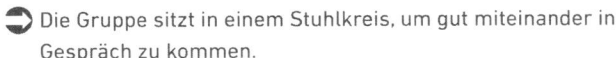 Die Gruppe sitzt in einem Stuhlkreis, um gut miteinander ins Gespräch zu kommen.
Einleitung: Nach einem Gebet begrüsst die Leitung die Teilnehmenden und macht einen Input zum Statement, dass Glaube und Beten auch eine abenteuerliche Seite haben können. Wer sich auf Begegnungen mit Gott einlässt, darf nicht überrascht sein, wenn nicht alles weiterhin in wohlgeordneten Bahnen verläuft. Wenn der Schöpfer einem Menschen begegnet, dann entsteht neues Leben. Und Neues kann Altes aufbrechen und heilsame Unruhe bewirken. Die Leitung fragt die Gruppe: «Ist euch eine solche Vorstellung von Gott fremd? Unangenehm? Überraschend? Bekannt? Erwünscht?»
Variante Einzelübung: In manchen Gruppen empfiehlt es sich, die Teilnehmenden dazu aufzufordern, alleine über die Fragen nachzudenken, bevor – je nach Gruppengrösse – in Kleingruppen oder im Plenum diskutiert wird.

7 Vom Geist überrascht

Im Plenum: Die Frage nach göttlichen Überraschungen ist eng mit den persönlichen Gottesbildern verbunden. Darum wird in einer Übung dazu eingeladen, die eigenen Vorstellungen von Gott zu erweitern. Dazu sind biblische Aussagen, die Gott benennen, auf Karten oder Plakaten notiert. Beispiele: Gott, meine Burg; Gott, unter deinen Flügeln finde ich Schutz; Gott, mein Vater; Gott, meine Mutter; Gott, mein Schild; Gott, der Zerstörer; Gott, der Schöpfer; Gott, Herr über Leben und Tod; Gott, der Felsen zertrümmert; Gott, der im leichten Windhauch begegnet usw.

Die Leitung fordert die Teilnehmenden auf: Stelle dich zu der Bezeichnung Gottes,
- die dich am meisten anspricht.
- die dich am meisten überrascht.
- die dich am meisten ärgert.
- die dir fremd ist.
- die dir wohltut.
- …

In verschiedenen Durchgängen stellen sich die Teilnehmenden zu den Aussagen und teilen mit den anderen, warum sie gerade diese Aussage gewählt haben. Je nach Gruppengrösse können auch nur einzelne Freiwillige gebeten werden, ihre Beweggründe zu erläutern.

Anschliessend sind die Anwesenden eingeladen, für sie überraschende Glaubenserfahrungen im Plenum zu teilen.

In einer weiteren Gesprächssequenz kann danach gefragt werden, welche überraschende Gottesbegegnung sich die Teilnehmenden wünschen.

Abschluss: Der Austausch wird mit einem gemeinsamen Gebet abgeschlossen. ⬤

7.3.3 Gemeinsam auf Gott hören

In reformierten Kirchgemeinden ist es nicht üblich, dass Pfarrpersonen und Gemeindeglieder gemeinsam auf Gottes Reden hören. Deshalb sind nur wenige Gemeindeglieder mit dieser Form des Gebets vertraut. Das gemeinsame Hören auf Gottes Stimme ist eine Urform des christlichen Gemeindegebets. Es ist

7 Vom Geist überrascht

eine wahrhaft demokratische, basisorientierte Form, die davon lebt, dass alle miteinander hören.

Wer die Apostelgeschichte liest, entdeckt, dass die junge Gemeinde im gemeinsamen Hören ihre «Missionsstrategie» entwickelte. Immer wieder wird erwähnt, dass der heilige Geist Philippus, Petrus, Paulus und andere dazu auffordert, an einen bestimmten Ort zu reisen oder den geplanten Ort gerade nicht aufzusuchen.

Paulus empfiehlt in 1. Korinther 14,26, wie der gemeinsame Gottesdienst gestaltet werden soll: «Wenn ihr zusammenkommt, hat jeder einen Psalm, eine Lehre, eine Offenbarung, eine Zungenrede, eine Auslegung. Alles geschehe zur Erbauung!» Aus dem Zusammenhang wird deutlich, dass dies nicht vorbereitete Teile eines Gottesdiensts sind, sondern dass im gemeinsamen Feiern den Gemeindegliedern vom Geist Gottes verschiedene Eindrücke geschenkt werden, die sie miteinander teilen sollen.

Es gibt Menschen, die empfangen göttliche Visionen oder Auditionen, meist sind es aber schlichte innere Bilder, Satzfragmente, Liedstrophen, Bibelverse und ähnliches, die den Hörenden im Inneren bewusst werden und sich im gemeinsamen Austauschen anschliessend zu einem gemeinsamen Bild verdichten können.[15]

Gott redet immer noch durch die verschiedenen Gaben, die er den Einzelnen schenkt, und baut so die Gemeinde auf – wenn wir denn hören und das Gehörte auch weitergeben.

---

15 Dass Formen des gemeinsamen Hörens auf Gott auch dazu benutzt werden können, autoritativ Gottes (vermeintliches) Reden zu missbrauchen, macht Formen des gemeinsamen Feierns und Suchens nicht weniger hilfreich. Mit Aussagen wie «Gott hat mir gesagt, dass du ...» kann Druck ausgeübt werden. Machtausübung ist allerdings leider nicht auf diese oder andere Formen des Gebets beschränkt. Wachsamkeit aller Beteiligten ist vermutlich das Einzige, was hilft, dies zu vermeiden.

7 Vom Geist überrascht

Darum hier eine Übung im gemeinsamen Hören:

➲ Die Gruppe sitzt in einem Kreis, um gut miteinander in den Austausch kommen zu können.
Einleitung: Nach ein oder zwei Liedern eröffnet die Leitung das Gruppentreffen mit einem Gebet.
Im Plenum: Anschliessend werden, ausgehend von 1. Korinther 14,26ff, Gedanken zum gemeinsamen Hören auf Gott und die verschiedenen Möglichkeiten, etwas zu hören oder zu sehen, dargestellt. Das gemeinsame Stillwerden und Hören ist nichts Exotisches, Schwieriges oder Merkwürdiges. Es geht um die Bereitschaft, für Gottes Botschaft offen zu sein. Da ist nicht unbedingt mit einer umwälzenden Geisterfahrung zu rechnen. Allerdings: Gott kann überraschen, das haben auch die Jüngerinnen und Jünger an Pfingsten erfahren.
Das Gehörte oder Gesehene kann schlichte Formen haben: ein inneres Bild, ein Liedtext, vielleicht auch nur ein Fragment eines Texts, ein innerer Eindruck, eine Idee. Die Möglichkeiten sind unbegrenzt, da die Menschen verschieden sind. Wichtig ist, dass den Teilnehmenden deutlich wird, dass es um eine Übung, um ein Experiment handelt.
Nach dem Input spricht die Leitung ein kurzes Gebet, das die Teilnehmenden ermutigt, in der Stille auf Gottes Stimme zu hören. Nach fünf bis zehn Minuten Stille beendet die Leitung das gemeinsame Hören mit einem Dankgebet.
Anschliessend werden die Teilnehmenden nach ihren Eindrücken gefragt. Die Leitung macht Mut, auch scheinbar Unpassendes und Gedanken, die man selbst nicht einordnen kann, zu teilen. Auch sollte betont werden, dass jeder Beitrag freiwillig ist. Häufig entsteht aus den vielen Beiträgen ein Gesamtbild, das die Gruppe als Ganze weiterbringt, herausfordert oder tröstet.
Hinweis: Manchmal gibt es auch Beiträge, die nicht zu passen scheinen. Gemeinsam lässt sich herausfinden, ob diese Beiträge einfach menschliche Ideen sind oder doch ins Gesamtbild gehören. Damit Eindrücke auch in Frage gestellt werden können, ist es hilfreich, wenn die Leitung dazu auffordert, die Eindrücke einzuleiten mit «Ich habe den Eindruck, dass ...», «Mir schien, dass ...»

und Satzanfänge wie «Gott spricht: …» zu vermeiden. Denn wer hätte in der Gruppe schon den Mut, Gottes Reden in Frage zu stellen? Als Gemeinde dürfen wir aber darauf vertrauen, dass Gott uns zeigt, welche Gedanken weiterführen.

Es ist immer wieder eindrücklich zu erleben, wie das gemeinsame Hören, zu einem gemeinsamen Bild oder Eindruck führt, der zu den Anwesenden je individuell spricht und sie weiterbringt.

Abschluss: Das Gruppentreffen wird mit einem gemeinsamen Gebet abgeschlossen.

Es lohnt sich, solch gemeinsames Hören mehrmals zu üben. Mit der Zeit lernen die Einzelnen und die Gruppe als Ganze, die feinen Nuancen zu hören.

7.4 Texte

Gebet von Bruder Klaus

Mein Herr und mein Gott,
nimm alles von mir,
was mich hindert zu dir.
Mein Herr und mein Gott,
gib alles mir,
was mich fördert zu dir.
Mein Herr und mein Gott,
nimm mich mir
und gib mich ganz zu eigen dir.

> Tägliches Gebet von Niklaus von Flüe,
> auch Bruder Klaus genannt (15. Jahrhundert)

Eine Schale will ich sein

Eine Schale will ich sein
empfänglich für Gedanken des Friedens
Eine Schale für Dich, Heiliger Geist

7 Vom Geist überrascht

Meine leeren Hände will ich hinhalten
offen für die Fülle des Lebens
Leere Hände für Dich, Heiliger Geist

Mein Herz will ich öffnen
bereit für die Kraft der Liebe
Ein Herz für Dich, Heiliger Geist

Gute Erde will ich sein
gelockert für den Samen der Gerechtigkeit
Gute Erde für Dich, Heiliger Geist

Ein Flussbett will ich sein
empfänglich für die Wasser der Güte
Ein Flussbett für Dich, Heiliger Geist
    Anton Rotzetter

Ich wende meine Augen nach innen
Du
Tiefe und Abgrund
Ich wende meine Augen nach innen
um Dich zu suchen in mir
Ich lausche in mich hinein
um Deine Stimme zu hören in mir
Ich sammle mich um meine Mitte
um Dich anzubeten in mir
Du
Tiefe und Abgrund
in mir
    Anton Rotzetter

7.5 Erfahrungsbericht

Lebensrettender Gedanke
Eine junge Frau berichtet, wie sie durch den «Hinweis», den sie während des klagenden Betens erhielt, genügend Mut und Standhaftigkeit erhielt, um sich den Ärzten gegenüber durchzusetzen. So wurde ihr gesundheitliches Problem ernst genommen, und grösseres Unheil konnte verhindert werden.

«Eigentlich habe ich nicht das Gefühl, generell im Leben als Christin, ich hätte je Anweisungen von Gott bekommen. Ich fühle mich oft gesegnet. Ich habe viel Gutes in meinem Leben, und es passiert so viel Gutes. Ich bin so dankbar für das alles.

Im letzten Sommer habe ich eine besondere Erfahrung gemacht. Es hat damit angefangen, dass ich das Gefühl hatte, ich hätte einen Nerv eingeklemmt, denn ich hatte starke Rückenschmerzen. Schon die zweite Nacht konnte ich vor Schmerzen nicht schlafen. Ich war schon zweimal beim Arzt, und er hat immer gesagt, ja, wir schauen, und er gab mir Medikamente. Er sagte, es ist ein Nerv, den du eingeklemmt hast. Ich hatte starke Schmerzmedikamente und konnte trotzdem nicht schlafen. Ich konnte nicht mehr liegen und nichts. Und ich bin im Bett gelegen und habe gebetet, still für mich. Ich bin dagelegen und habe die Hände gefaltet und habe gesagt: «Lieber Gott, bitte mach, dass der Schmerz aufhört!» Ich habe es fast nicht mehr ausgehalten, und plötzlich war da dieser Gedanke. So als hätte man mir einen Gedanken in den Kopf hineingelegt, so hat es in mir plötzlich gesagt: «Hey, es ist nicht der Rücken, es ist nicht das, hör auf das Stechen unter der Brust!» Denn die Schmerzen haben ursprünglich mit einem Stechen unter der Brust angefangen. Ich kann bis heute nicht sagen, warum dieser Gedanke plötzlich da war. Es war mir einfach plötzlich ganz klar. Es war nicht eine Ahnung, ich habe *gewusst*, es ist nicht der Rücken, es ist das Stechen. Ich habe dann den Arzt angerufen, nachts auf die Notfallnummer, und habe gesagt, es sei etwas nicht gut, und ich spüre, es sei nicht am Rücken. Der Arzt sagte, aus medizinischer Sicht sei das kein akutes Problem: «Bleiben Sie daheim, Sie können am nächsten Morgen zum Hausarzt.» Und ich bin dann zum Hausarzt und dann in das Spital und dann hat man Blut genommen und endlich gemerkt, dass ich Lungenembolien hatte und dass es eben nicht der Rücken war.

Ich habe im Moment zuerst selber diesen rettenden Gedanken nicht als Reden von Gott wahrgenommen oder gar als Anweisung Gottes, obwohl ich rückblickend sagen muss, dass das ja schon merkwürdig war. Es war ja mitten in dem Gebet, dass der Gedanke plötzlich und so klar da war, dass ich es fast nicht beschreiben kann: «Es ist nicht Rückenweh, es ist nicht das, hör auf das Stechen!» Das war wichtig. Ich musste im Spital stark intervenieren und mich wehren und darauf bestehen, dass sie weiter abklären. Die Ärzte hätten mir wohl wieder nur Schmerzmittel gegeben und mich wieder nach Hause geschickt. Aber da ist ja diese innere Stimme gewesen, und so habe ich mich darauf verlassen können, dass der Gedanke stimmt.

Darum glaube ich heute, dass es auch darauf ankommt, was man darunter versteht: angesprochen sein.»

«Gebet in alle Richtungen»

8 Hinaustreten

«Und sie wurden alle erfüllt von heiligem Geist und begannen, in fremden Sprachen zu reden, wie der Geist es ihnen eingab. [...] Petrus aber trat vor, zusammen mit den Elfen, erhob seine Stimme und sprach.» (Apostelgeschichte 2,4.14)

Seit der Katastrophe von Karfreitag verhalten sich die Jüngerinnen und Jünger Jesu möglichst unauffällig. Nur nicht die Aufmerksamkeit auf sich ziehen, es ist gefährlich! Ihnen könnte sonst das gleiche Schicksal drohen wie Jesus. Auch nach Ostern bewegen sie sich unter den Leuten, die mit Jesus unterwegs waren, und Jesus erscheint – so wird in den Evangelien berichtet – nicht in Menschenmengen, sondern nur im vertrauten Kreis der Jüngerinnen und Jünger. Sie versammeln sich zwar, wie andere Betende auch, im Tempel, aber sie sehen keinen Anlass, von ihren Erfahrungen mit Jesus zu reden.

Mit der überraschenden Erfüllung mit Gottes Freude, die der heilige Geist im Obergemach in Jerusalem schenkt, verändert sich die Situation. Das Getöse des Winds und der Flammen und die ekstatische Freude der Anwesenden lässt die Vorübergehenden anhalten, und eine Menschenansammlung entsteht. «Was ist nur los?», fragen sich die Zuschauenden. «Warum die Sprachenvielfalt? Warum der Lärm schon am frühen Morgen? Was geschieht hier?»

Die Pfingstbegeisterten haben letztlich keine Wahl. Sie müssen sich erklären. Die Unterstellung, dass sie schon am frühen Morgen betrunken sind, wollen sie abwehren. Auf der anderen Seite ist ihnen wohl wichtiger, dass ihre Erfahrung mit Gottes Geist gleichsam überfliesst und es sich gar nicht mehr verhindern lässt, dass auch andere davon erfahren. Aus dem Rückzug, aus der Sorge darum, möglichst nicht aufzufallen,

8 Hinaustreten

katapultiert sie der Geist in die Öffentlichkeit, mitten in die Völkergemeinschaft.

Es ist nicht anzunehmen, dass sich zuvor einer der Jünger oder eine der Jüngerinnen eine Rede zurechtgelegt hat, die sie halten würden, falls der Geist Gottes über sie käme. Niemand ist vorbereitet auf das, was ihnen geschieht. Und obwohl sie Zeit hatten, ihre Erfahrungen mit Jesus zu bedenken, und obwohl sie gewiss versuchten zu verstehen, wie seine Worte und sein Handeln einzuordnen seien: Sie sind weit davon entfernt, die Bedeutung zu begreifen, die Jesu Kommen in die Welt für sie und andere hat. Und doch folgen sie der Bewegung, in die der Geist sie bringt, indem sie von ihren Erfahrungen erzählen. Sie sprechen davon, wie sie ihr Erleben selber sehen und bewerten. Natürlich müssen sie für sich Erklärungen zurechtlegen. Erklärungen, um das, was ihnen geschehen ist und geschieht, einzuordnen. Für Deutungen greifen sie auf das zurück, was sie aus ihrer jüdischen Tradition kennen. Die Geschichten der Propheten, die Verheissung des Geistes bei Joel, das Versprechen, dass Gott zu seinem Volk reden wird. Und sie verbinden die Geisterfahrung mit ihren eigenen Erfahrungen der Zeit mit Jesus und den überlieferten Texten, die ihnen aus der Synagoge vertraut sind. Texte, von denen sie annehmen können, dass auch die zusammengeströmte Menge sie kennt: Juden aus aller Welt, die zum Wochenfest Schawuot nach Jerusalem gepilgert sind.

Und ihre Be-geist-erung, ihre Erfüllung mit dem Geist, springt über. Ihre Worte finden in den Zuhörenden Widerhall und wecken den Wunsch, die Erfahrung der Nähe Gottes selbst zu machen. Die Verheissung, die allen gilt, wollen auch die Zusammengekommenen ergreifen.

8 Hinaustreten

8.1 Gottes Geist will weiter

Öffentlich glauben erregt Anstoss. Auch wenn heute bei uns niemand deswegen um sein Leben fürchten muss, so erzeugt der Gedanke, Nachbarn oder Bekannten von persönlichen Gebetserfahrungen zu erzählen, unangenehme Gefühle. Wohl lädt man zu kirchlichen Veranstaltungen ein, zu Festen, auch zu Gottesdiensten, Glaubenskursen, Kinderwochen usw. Wer jedoch von seinem Glauben unbeschwert und offen erzählt, trifft schnell auf Skepsis und Widerstand: Man kann doch anderen «seinen» Glauben nicht aufdrängen, und jeder soll doch nach seiner eigenen Façon selig werden.

Das *Erzählen* von eigenen Glaubenserfahrungen aber lässt es den Zuhörenden frei, sich eine eigene Meinung zu bilden. Eigene Geschichten und Erfahrungsberichte laden dazu ein, hinzuhören und sich berühren zu lassen. Sie sind bescheiden. Sie haben wohl das Potenzial, zu locken und Lust auf eigene Erfahrungen zu machen, sie wahren aber Abstand. Anders als dogmatische Lehrsätze, die vereinnahmen können, kann man sich von dem Erlebten anderer immer auch distanzieren und es deren Geschichte sein lassen. Eine fremde Erzählung kann nie zur eigenen Geschichte werden. Sie kann nur Anreiz sein, sich selber auf den Weg zu begeben, um eigene Erfahrung zu machen und eigene Geschichten zu erleben.

Wer eine Erfahrung gemacht hat, die geholfen hat, den eigenen Weg besser zu gehen, die Nöte besser zu tragen, glücklicher zu werden und anderen besser helfen zu können, der erzählt aus innerem Antrieb von dieser Erfahrung. Es ist seine oder ihre Geschichte, die geteilt wird. Und es ist und bleibt immer die Geschichte des oder der Erzählenden. Erfahrungen sind nicht einfach kopierbar, aber sie können anregend wirken und damit für andere hilfreich werden.

Könnte umgekehrt das Schweigen über spirituelle Erfahrungen auch als fehlgeleitete Demut verstanden werden? Ist es wirklich so, dass meine Erfahrung *meine* Erfahrung ist? Ist die

8 Hinaustreten

geschenkte Erfahrung tatsächlich mein Privat*besitz*? Drängen Gottes Gaben nicht weiter, über mich hinaus?

Der Erste Johannesbrief beschreibt in wenigen Worten das Leben und Wirken der ersten Christengemeinden. Sie sehen, hören und erleben das Leben, das Gott ihnen durch Jesus geschenkt hat, und sie können nicht anders, als diese Erfahrung weiterzuerzählen und damit weiterzuschenken:

> *«Was von Anfang an war, was wir gehört haben, was wir mit unseren Augen gesehen haben, was wir geschaut und was unsere Hände berührt haben, das Wort des Lebens [...], was wir nun gesehen und gehört haben, das verkündigen wir euch, damit auch ihr Gemeinschaft habt mit uns. Die Gemeinschaft mit uns aber ist Gemeinschaft mit dem Vater und mit seinem Sohn Jesus Christus.» (1. Johannes 1,1.3)*

Die Begegnung mit dem Auferstandenen, das Erfülltwerden mit Gottes Geist drängt hin zu anderen Menschen, weil dies die Bewegung Gottes selbst ist. Es ist Gott, der Menschen berühren und ansprechen will. Von Anfang an, so wird in der Bibel erzählt, ist Gott in Beziehung. Das beginnt im Schöpfungsmythos, in dem Gott mit sich selbst ins Gespräch kommt und sich entscheidet, Menschen zu machen, als Abbild und Gegenüber (1. Mose 1,26–28). Durch geisterfüllte Richter und Richterinnen, Propheten und Prophetinnen und Könige spricht Gott zu den Menschen und leitet sie. Im Alten Testament ist nur selten direkt vom Geist Gottes die Rede. Im Wirken der berufenen Menschen zeigt sich aber die Hinwendung Gottes zu den Menschen. Es ist immer wieder diese Grundbewegung, die die Bibel beschreibt: von Gott zu Einzelnen, von diesen weiter zu den vielen. Im Neuen Testament wird dieses, den Menschen zugewandte Gesicht Gottes dann explizit als Gottes Geist benannt. Im Alten Testament ist die Sprache zurückhaltender, die Weisheit Gottes, Sophia, tritt dann in den Sprüchen als Lehrerin der Unverständigen auf. Der Berner Theologe und Dichter Kurt Marti beschreibt in einem wunderbaren und verspielten Gedicht die Weisheit als Teil der Geselligkeit Gottes, die sich weiter verbreiten und alles Geschaffene einbeziehen will.

Die gesellige Gottheit am Werk[16]

1

Von Ur an:
Gott in Geselligkeit,
Gott mit Sophia,
der Frau, der Weisheit,
geboren,
noch ehe alles begann.

Sie spielte
vor dem Erschaffer (Sprüche 8,22–31),
umspielte, was er geschaffen,
und schlug, leicht hüpfend von Einfall zu Einfall,
neue Erschaffungen vor:
Warum nicht einen anmutig gekurvten Raum?
Warum nicht Myriaden pfiffiger Moleküle?
Warum nicht schleierwehende Wirbel, Gase?
Oder Materie, schwebend, fliegend, rotierend?
So sei es, lachte Gott,
denn alles ist möglich,
doch muss auch Ordnung ins Ganze –
durch Schwerkraft zum Beispiel.
Dazu aber wünschte Sophia sich
ebensoviel Leichtigkeit.
Da ersann Gott die Zeit.
Und Sophia klatschte in die Hände.

---
16 Kurt Marti, Die gesellige Gottheit. Ein Diskurs. © 2004 by Radius-Verlag, Stuttgart.

8 Hinaustreten

Sophia tanzte, leicht wie die Zeit,
zum wilden melodischen Urknall,
dem Wirbel, Bewegungen, Töne entsprangen,
Räume, Zukünfte, erste Vergangenheiten –
der kosmische Tanz,
das sich freudig ausdehnende All.
Fröhlich streckte Sophia Gott die Arme entgegen.
Und Gott tanzte mit.

2

Am Anfang also: Beziehung.
Am Anfang: Rhythmus.
Am Anfang: Geselligkeit.
Und weil Geselligkeit: Wort.
Und im Werk, das sie schuf,
suchte die gesellige Gottheit sich
neue Geselligkeiten.
Weder Berührungsängste
noch hierarchische Attitüden.
Eine Gottheit, die vibriert
vor Lust, vor Leben.
Die überspringen will
auf alles,
auf alle.

3

Bildchen, naiv.
Doch wie sonst fass ich's?
Imagines, imaginatio.
Denn wer glaubt, glaubt an Wunder.
Wunder ist der Inhalt jeder Theologie.
    Kurt Marti

«Psalm 126»

8 Hinaustreten

Es ist Gottes Mission, sein Ruf, seine Einladung, die sich ausbreitet, sich ausbreiten will. Es ist Gottes Lebenslust, die «überspringen will auf alles, auf alle». Darum gehört Gottes Geist nicht uns. Denn Gott selbst will zu den Menschen. Deshalb gehören unsere Gottesbegegnungen im Gebet nicht uns alleine, sondern wollen mit anderen geteilt werden.

Diese ureigene Bewegung Gottes zu den Menschen hin ist der fundamentale Anstoss, der die Bewegung zu anderen Menschen hin bewirkt. Es geht nicht darum, *meine* Erfahrungen weiterzugeben, das Ziel ist es nicht, *meine* Kirche zu bauen. Es ist die Lebenskraft, die Lebensfreude Gottes, die zu den Menschen will. Und da können meine Erfahrungen Teil davon sein. Meine Erfahrung soll anderen Lust machen, den Ruf Gottes auch zu hören, den Geist auch zu empfangen und eine ureigene Beziehung zu Gott zu leben.

Wenn nun die Angst und Unsicherheit lähmend ist und der Mut fehlt, die eigenen Erfahrungen weiterzugeben, dann sitzen wir mit den Jüngerinnen und Jüngern im Obergemach und warten auf Pfingsten, warten auf die Erfüllung mit dem Geist. Darum braucht es nicht in erster Linie neue Methoden, nicht noch perfektere Programme oder Strategien, nicht die angesagtesten Events oder die berühmtesten und begabtesten Rednerinnen und Redner, sondern schlicht die Bitte um die Erfüllung mit dem heiligen Geist. Es wird der Geist selbst sein, der uns zu den Menschen führt, der uns zeigt, was wir erzählen sollen, was unser Gegenüber braucht und verstehen kann, und nicht zuletzt ist es auch der Geist, der das Gegenüber berührt. Bei allem Bemühen um eine möglichst gute und zeitgemässe Verkündigung: Wir dürfen nie vergessen, dass es Gott selber ist, der den Gemeindebau in der Hand hat. Und dann darf es auch spielerisch werden – und damit weise!

Welche Entlastung!
Welch Wagnis!

8 Hinaustreten

Wir sind es gewohnt, Dinge im Griff zu haben. Wir sind es gewohnt, dass wir, wenn uns Wissen oder Mittel fehlen, diese lernen und beschaffen können. Aber dies ist in der Kirche gerade nicht das Problem. Den meisten Gemeinden mangelt es weder an motivierten, gut ausgebildeten Mitgliedern noch an finanziellen und technischen Mitteln, um Menschen zu erreichen. Was hingegen oft fehlt in unserer gut organisierten und ausstaffierten Welt und Kirche, ist das Wissen um die Abhängigkeit vom Geist Gottes. Es fehlt die Bereitschaft, demütig anzuerkennen: Wir können keine Kirche machen. Wir können niemanden zum Glauben bringen. Wir können immer wieder nur neu bitten: Komm, heiliger Geist, erfülle uns und unsere Gemeinde! Und zuallererst sind wir eingeladen zu leben, absichtslos, offen für Gottes Gaben, im Wissen um seine Liebe.

Und selbst die inspirierteste Predigt und die begeisterndste Glaubensgeschichte werden nicht erreichen können, dass alle Adressaten sich vom Gehörten überzeugen lassen. Es gehört zur Freiheit der Zuhörenden, dass sie die Botschaft auch ablehnen können.

Auch darum soll und kann das Erzählen der eigenen Glaubens- und Gebetsgeschichten etwas Leichtes, etwas Spielerisches anhaften, auch wenn es ernsthafte Geschichten sind.

Der Überfluss an Freude ist es, der die Jünger und Jüngerinnen auf die Strasse treibt, wo sie den Menschen von der Nähe und der Lebensfreude Gottes erzählen. Und Petrus tut dies klug: Dem Unverständnis und Staunen der Anwesenden begegnet er, indem er bei Erfahrungen und Kenntnissen anknüpft, mit denen diese vertraut sind.

Auch wir sind gut beraten, wenn wir mit unseren Geschichten bei den Erfahrungen anknüpfen, die unsere Zuhörenden mit uns teilen. Nie ist das Spektakuläre, das Ausserordentliche das Zentrum unseres Erzählens, sondern unser Leben und die Hilfe Gottes, die genau in unserem real existierenden Alltag erlebbar ist.

8 Hinaustreten

Das, was wir hören, sehen und erfahren (1. Johannes 1,1), ist nicht nur für uns not-wendig, sondern kann auch für andere zum Wendepunkt ihrer Not werden.

8.2 Einzelübung: Erfahrungen teilen

Ein erster Schritt auf dem Weg zum Teilen von geistlichen Erfahrungen ist, sich selber gut zu kennen. Wenn ich weiss, dass ich gerne erzähle oder dass ich eher zurückhaltend bin, dann kann auch ich einen – vielleicht zuerst nur kleinen – Schritt in eine grössere Offenheit anderen gegenüber machen.

Von Erfahrungen zu erzählen, kann nur sehr bedingt alleine geübt werden. Deshalb gibt es in diesem Kapitel einen Vorschlag, wie man sich dem Teilen von Erfahrungen annähern kann. Dabei geht es nicht darum, das Erzählen zu «trainieren», damit dann immer und überall vom Glauben erzählt werden kann. Erfahrungen können nur dann authentisch weitergegeben werden, wenn sie spontan und auf Nachfrage hin und in der entsprechenden Situation erzählt werden. Dies muss, bei aller Auseinandersetzung mit dem Wert von geteilten Geschichten, im Bewusstsein bleiben, sonst verlassen wir den spielerisch-tänzerischen Weg, den Gott wählt, um zu uns Menschen zu gelangen.

Für ein freimütigeres Teilen der eigenen Geschichten ist es eine Hilfe, die folgenden Fragen zu beantworten:
- Schätze ich mich eher als introvertiert oder extrovertiert ein?
- Erzähle ich leicht und gerne von meinen Erlebnissen?
- Wie oft habe ich die Befürchtung, andere mit meinen Geschichten zu langweilen?
- Wie leicht fällt es mir, Geschichten farbig und mit Details zu erzählen?
- Wann und in welchem Rahmen erzähle ich gerne?
- Welche Geschichten gebe ich gerne weiter?
- Wann habe ich schlechte Erfahrungen gemacht mit dem Erzählen einer persönlichen Geschichte?

- Wann habe ich gute Erfahrungen gemacht, als ich etwas Persönliches von mir erzählte?
- Welche Erzählungen anderer haben mir weitergeholfen in meinem Leben?
- Wann packt mich eine Geschichte, wenn andere sie erzählen?
- Unter welchen Umständen könnte ich mir vorstellen, persönliche Erfahrungen weiterzugeben?

8.3 Übungen für das Gespräch in der Gruppe: Lernen, über persönliche Glaubenserfahrungen zu sprechen

Die im Folgenden vorgeschlagenen Übungen haben Erkenntnisse von Pierre Bourdieu, wie sie im Exkurs 4.1.2 dargestellt wurden, zur Grundlage. In unserem Kulturkreis ist das Sprechen über persönliche Glaubenserfahrungen mit einem starken Tabu behaftet. Für das geistliche Wachstum von Gemeinden – und damit auch für die persönliche Entwicklung im Glauben – ist es aber wichtig, die eigenen Glaubenserfahrungen, die schönen, aber auch die schwierigen, mit anderen zu teilen. Denn sie sind uns geschenkt, um uns in die Bewegung Gottes zu den Menschen hineinzustellen. Auch Alltagsgespräche berühren manchmal geistliche Themen, und statt zurückhaltend zu schweigen, können wir anderen die eigenen Geschichten erzählen und ihnen so helfen, sie aufmuntern oder mit ihnen ihr Leid teilen.

8.3.1 Was das Teilen von Erfahrungen leichter macht

«Wenn du einen neuen, leistungsstarken Staubsauger hast, wirst du deinem Nachbarn, deiner Nachbarin begeistert von diesem Wundergerät erzählen. Dein Herz ist so voll Staubsauger, dass es gar nicht anders kann als überfliessen. Ist es nicht viel schöner, wenn dein Herz nicht voll Staubsauger, sondern voll mit Gottes Geist ist?»

Dieser nicht ganz ernst gemeinte Einwurf aus einer Predigt zeigt beispielhaft, was gemeint ist, wenn von einer spielerischen

8 Hinaustreten

Leichtigkeit die Rede ist, die das Erzählen über Glaubenserfahrungen prägt. Vor der Erzählung steht die Erfahrung. Und ist diese stark und erfüllend, dann wird sie überfliessen, gleichsam nach dem «Staubsaugerprinzip».

Für die Veränderung der inneren Haltung und zum Bewusstwerden der Gründe, die das Reden über geistliche Erfahrungen hindern können, wird hier für einmal eine Übung vorgeschlagen, die auf der Metaebene anzusiedeln ist. Sie hilft zu verstehen, mit welchen Tabus und Hindernissen in unserem Kulturkreis zu rechnen ist, wenn man sich aufmacht, die eigenen Erfahrungen mit dem Beten und dem Glauben weiterzugeben.

> Die Gruppe sitzt in einem Stuhlkreis, um gut miteinander ins Gespräch zu kommen.
> **Einleitung:** Das Gruppentreffen wird mit einem Gebet eröffnet.
> **Plenum:** Die Leitung trägt als Einstieg einen kurzen Input vor, der auf den Einsichten aus Exkurs 4.1.2 basiert. Wenn möglich, sollen die Einsichten mit eigenen oder in der Gruppe erfahrenen Beispielen illustriert werden.
> Im anschliessenden Gespräch ist das Ziel, dass die Gruppenmitglieder sich diese Einsichten aneignen und selber weiterdenken. Dazu können folgende Diskussionsfragen helfen:
> - Welche Beispiele von «Habitus»-Unverträglichkeiten oder -Spannungen sind dir schon begegnet?
> - Welche Art von Rede über den Glauben ist für dich persönlich schwierig zu hören bzw. selber zu führen? Wie könntest du es so machen, dass es für dich stimmig ist?
> - Was würde dir helfen, offener über Erfahrungen im Glauben reden zu können?
>
> **Abschluss:** Das Gruppentreffen kann mit einem gemeinsamen Gebet abgeschlossen werden. ▬▬▬▬▬▬▬

Einsichten in die Hindernisse, die sich einem stellen, wenn er oder sie mit anderen über den Glauben reden möchte, helfen erfahrungsgemäss, die eigenen Grenzen weiter zu stecken. Der Austausch in einer Gruppe kann dazu beitragen, dass die Gruppe anfängt, einen neuen Gruppen-Habitus zu kreieren, der das Gruppengespräch belebt und zugleich ein Übungsfeld ist, Worte für die eigenen Erfahrungen mit dem Gebet zu finden.

8.3.2 Erzählen und Hören

In dieser Einheit geht es darum, persönliche Geschichten und Erfahrungen mit dem Glauben und dem Gebet in der Gruppe zu erzählen. Und zudem die Erfahrung zu machen, wie bereichernd es ist, von anderen zu hören, wie sie ihren Glauben leben, welche Erfahrungen sie machen und wo sie kämpfen und vielleicht auch scheitern in ihrem Bemühen, mit Gott unterwegs zu sein. Gerade auch die Geschichten des Scheiterns sind für andere oft hilfreich und unterstützend, da sie die Einsicht stärken: Wir sind alle auf dem Weg und noch lange nicht am Ziel angelangt.

Zudem kann beim Erzählen auch die Erfahrung gemacht werden, dass das Sprechen über die eigene Geschichte diese klärt und vertieft. Im Erzählen werde ich mir klarer darüber, was ich sagen will, lege mir selbst Rechenschaft über den Sinn und die Bedeutung, die das Erlebnis für mich hat, ab. Somit hilft das Erzählen nicht nur den anderen, sondern auch mir selbst.

Folgender Ablauf kann die Übung strukturieren:

➲ Die Gruppe sitzt in einem Stuhlkreis, um gut miteinander ins Gespräch zu kommen.
Einleitung: Nach einem gemeinsamen Gebet oder Lied wird das Gruppentreffen mit der Erzählung einer geistlichen Erfahrung durch die Leitung eröffnet. Evtl. ist es hilfreich, nochmals auf die Hinderungsgründe und Ängste dem Erzählen solcher Erlebnisse gegenüber einzugehen.
Einzelarbeit: Zunächst überlegen sich die Teilnehmenden, welche Erfahrung für ihren Glauben prägend ist. Das kann eine Geschichte aus der Kindheit sein, etwas was sie eben erst erlebt haben, etwas Aussergewöhnliches oder auch ein ganz alltägliches Erlebnis. Es sollte darauf geachtet werden, dass es nicht um geistliche Heldengeschichten geht, sondern um eine Erfahrung, die den Glauben im

Alltag verankert. Wer möchte, kann sich Notizen machen oder nur in Gedanken die Geschichte nochmals durchgehen.

Zu zweit: Anschliessend werden Paare gebildet, die sich gegenseitig ihre Geschichten erzählen. Die Hörenden haben den Auftrag, genau hinzuhören und dabei auch auf ihre Gefühle zu achten.

In einem weiteren Schritt spiegeln die Hörenden den Erzählenden, was sie gehört haben, was dies in ihnen ausgelöst hat und wo sie hängen geblieben sind.

Nach der Hälfte der Zeit wechseln die Rollen von Erzählenden und Hörenden.

Im Plenum: Danach wird im Plenum eingeladen zu berichten, was beim Erzählen bzw. beim Hören aufgefallen ist. Dabei geht es nicht darum, die Geschichten nochmals zu erzählen oder gar zu kommentieren, sondern auf der Ebene der Reflexion von Erzählen und Hören zu bleiben. Folgende Fragen können das Gespräch anregen:

- Was hat mir geholfen beim Zuhören? Welche Bilder sind in mir entstanden?
- Was hat mir geholfen beim Erzählen?
- Was hat das Spiegeln nach dem Erzählen der Geschichte bei mir bewirkt? Was ist mir bewusst geworden?
- Wie sind eigene Erlebnisse beim Zuhören angeklungen?

Abschluss: Das Gruppentreffen wird mit einem gemeinsamen Gebet abgeschlossen.

8.4 Texte

Geschichten sind alles

«Wir träumen in Geschichten, wir tagträumen in Geschichten, erinnern uns, ahnen, hoffen, verzweifeln, glauben, zweifeln, planen, ändern, kritisieren, konstruieren, tratschen, lernen, hassen und lieben durch und mit Geschichten.»

(Original in Englisch: «We dream in narrative, daydream in narrative, remember, anticipate, hope, despair, believe,

doubt, plan, revise, criticize, construct, gossip, learn, hate and love by narrative.»)
Barbara Hardy

Das Geheimnis der Farben

Er führte mich in einen Garten mit kleinen Obstbäumen und Blumen. Es war der schönste Ort der gesamten Schule.
«So viele Farben», sagte der Lehrer. «Was siehst du?»
«Rote, blaue und violette Blumen, gelbe und grüne Früchte, weisse Lilien …»
«Warum ist die rote Blume rot?», fragte er.
«Weil … das ihre Farbei ist», antwortete ich. «Ich verstehe es nicht.»
«Die rote Blume ist im Licht aller Farben gebadet. Sie absorbiert alle Farben ausser einer: Rot. Rot ist die Farbe des einen Lichtes, die sie weder empfängt noch absorbiert. Daher ist Rot die eine Farbe, die sie reflektiert beziehungsweise zurückgibt. Was, wenn eine Blume alle Farben des Lichts einsaugte und behielte? Welche Farbe hätte sie dann?»
«Keine Farbe», sagte ich. «Sie wäre dunkel. Es wäre eine schwarze Blume.»
«Richtig», sagte er, «und nicht nur bei Blumen, sondern bei allen Dingen. Das, was du nimmst und für dich selbst behältst, ist nicht das, was du bist, sondern das, was du nicht bist. Es ist das, was du nicht in dir hast. Das sind diejenigen, die von der Welt nehmen, aber nicht geben – die leer sind. Das sind diejenigen, die Liebe von dieser Welt nehmen, sie aber nicht geben – die Lieblosen. Und es sind diejenigen, die Segen nehmen, ihn aber nicht weitergeben – die Ungesegneten, die schwarzen Blumen.»
«Man ist also das, was man gibt.»
«Oder das, was man wird», sagte der Lehrer. «Diejenigen, die Liebe geben, sind die Geliebten. Wer von seinem Besitz gibt,

ist der Reiche. Und derjenige, der segnet, ist selbst der Gesegnete. So, wie du möchtest, dass dein Leben wird, genau das musst du geben. Lebe ein Leben der gebenden Liebe und du wirst Liebe haben. Lebe ein Leben des Gebens von deinem Besitz und du wirst reich sein. Lebe ein Leben, in dem du andere segnest, und dein Leben wird immer gesegnet sein. Denn das Licht scheint auf jede Blume. Doch jede Blume wird zu dem Licht, das sie zurückgibt. Seine Liebe scheint auf jeden. Doch nur das, was du zurückgibst, ist das, was du sein und werden wirst.»
Er machte eine Pause, um eine weisse Lilie zu pflücken, die er gegen das Licht hielt.
«Was passiert mit denjenigen, die nichts behalten, sondern alles zurückgeben?»
«Sie werden weiss», antworte ich.
«Mehr als das», sagte er. «Sie werden Licht.»
Jonathan Cahn

8.5 Erfahrungsbericht

Von Freiheit erzählen

Eine Frau, die heute als Pfarrerin in einer Gemeinde der Landeskirche arbeitet, berichtet von ihrem «Missions-Schlüsselerlebnis», wie sie es beim Erzählen nennt.

«Als junge Studentin hatte ich die Möglichkeit, mit einer Freundin für längere Zeit nach Indien zu reisen. Neben den Aufenthalten auf verschiedenen Stationen der Kirchen, in denen meine Begleiterin nach der Matura als Kinderbetreuerin gearbeitet hatte, war auch das Kennenlernen dieses unglaublich faszinierenden und schönen Landes angesagt.

Indien ist voller Gegensätze: Wunderschöne Landschaften wechseln sich ab mit dreckigen, heruntergekommenen Strassenzügen in Städten; riesige Slums umgeben die Universität Mumbais, die international anerkannte Wissenschafter und Wissenschafterinnen ausbildet; aus einfachsten Lehmhäusern treten Schönheiten in farbenprächtigen Saris; unglaublich reiche Menschen leben neben Tagelöhnern, die nicht einmal ihren täglichen Grundbedarf an Lebensmitteln decken können. Auf unserer Reise durch Nordindien begegneten wir fasziniert einem vielfältigen Indien, das mit berechtigtem Stolz auf seine lange Geschichte blickt.

Auch religiös ist das Land in seiner Vielfalt und Offenheit kaum zu überbieten. Religion ist ein Thema auf Schritt und Tritt. Wir begegneten nicht nur unzähligen Tempelgebäuden und Moscheen, auch Themen zu Glauben und Religion wurden überall offen und mit grossem Interesse diskutiert. Als weisse Frauen, die sich aus verschiedenen Gründen nicht als gewöhnliche Touristinnen einordnen liessen, wurden wir oft gefragt, ob wir Missionarinnen seien. Wir standen dieser Bezeichnung kritisch gegenüber, zu sehr schien sie uns belastet mit Zuschreibungen, die wir nicht mittragen konnten. Aber es war spannend, mit den Menschen zu reden, zum Beispiel im Zug: zu hören, wie sie ihren Glauben praktizieren, und zu erzählen, wie wir das tun.

Und dann buchten wir eine Busreise von Delhi nach Agra, um den Taj Mahal zu besuchen. Da wir als Studentinnen nicht viel Geld hatten, suchten wir einen billigen Anbieter und landeten, ohne es zu wissen, in einer indischen Reisegruppe. Das war spannend. Auch wenn wir nicht mit vielen Mitreisenden reden konnten, da es eher einfache Leute waren, die kaum Englisch sprachen, erhielten wir doch einen spannenden Einblick in indisches Leben. Vor uns im Reisebus sass ein junges Paar, das sehr «unindisch» sich seine gegenseitige Zuneigung zeigte. Auch verheiratete Paare berühren sich in Indien in der Öffentlichkeit normalerweise nicht.

Der Ausflug in das eindrückliche Mausoleum Taj Mahal verwandelte sich auf der Rückreise nach Delhi unerwartet in eine

8 Hinaustreten

hinduistische Wallfahrt. Da Mathura – nach der Legende der Geburtsort der Gottheit Krishna – am Weg war, baten einige der Mitreisenden darum, dort einen Halt zu machen, damit sie verschiedene Tempel besuchen und ihre Opfer darbringen konnten. Wir gingen staunend und interessiert überallhin mit. Auch in dieses dunkle Gebäude, aus dem Mantra-Gesang tönte. Im Dunst der Räucherstäbchen sassen da Dutzende Frauen auf Matten am Boden und sangen hinduistische Mantras. Viele waren ärmlich in Lumpen gekleidet, manche wirkten abwesend, wie unter Drogen. Wir erfuhren von der Person, die uns durch das Gebäude führte, dass die Frauen alle Witwen seien. Sie hätten dieses Haus gewählt, um hier betend ihr Karma zu verbessern. Seit Witwenverbrennungen in Indien verboten sind und die Frauen ihre Männer überleben können, ist es für Hindufrauen, die treu nach den Regeln ihrer Religion leben, nicht einfach, einen Weg zu finden, um ihr Schicksal zu erfüllen. Diese Witwenhäuser sind eine Antwort darauf. Durch das Singen der Mantras und Verrichten von Pujas kamen die Witwen ihrer Pflicht nach, ihr Karma zu verbessern.

Es war eine traurige Begegnung. Aber was sollten wir Ausländerinnen an solch einem Ort sagen? Dass Gott andere Ziele für das gute Leben hat? Dass Gott, der auch diese Frauen geschaffen hat, nicht erwartet, dass sie sich lebendig begraben? Es war nicht der Moment, wir waren nicht die Personen und natürlich fehlte uns die Sprache, um irgendetwas zu sagen.

Nach dem Verlassen des Hauses bemerkten wir die junge Frau des vorher erwähnten verliebten Paars. Sie hatte Tränen in den Augen. Man sah ihr an, dass sie erschüttert war. Und sie stellte sich die Frage, ob so auch ihre Zukunft aussähe, sollte ihrem Mann etwas zustossen. Im Moment gaben die zwei sich gegenseitig Halt. Gerne hätten wir ihnen von einem Gott, der befreit, erzählt. Von einem Gott, der Leben will und nicht den Tod. Von einem Gott, der auch Frauen das Recht und die Freude am Leben gönnt.

8 Hinaustreten

Im Rückblick war dieses Erlebnis der Moment, an dem ich eine neue Sicht auf die Weitergabe von Glaubenserfahrungen erhielt: Es geht und ging wohl nie darum, anderen irgendetwas aufzudrängen. Es geht um die befreiende Zusage, dass Gott ein gutes Leben will. Immer. Überall. Für alle. Und davon soll und kann man erzählen! Auch bei uns in unserer Kultur. Auch bei uns gibt es Zwänge und Nöte, die das Leben einengen und zerstören. In solche Situationen hinein die Geschichte vom liebenden und befreienden Gott zu erzählen, diese Sendung übernehme ich seither gerne.»

«Himmel und Erde»

9 Von Auffahrt nach Pfingsten

«Als nun die Zeit erfüllt und der Tag des Pfingstfestes gekommen war, waren sie alle beisammen an einem Ort. Da entstand auf einmal vom Himmel her ein Brausen, wie wenn ein heftiger Sturm daherfährt, und erfüllte das ganze Haus, in dem sie sassen; und es erschienen ihnen Zungen wie von Feuer, die sich zerteilten, und auf jeden von ihnen liess eine sich nieder. Und sie wurden alle erfüllt von heiligem Geist und begannen, in fremden Sprachen zu reden, wie der Geist es ihnen eingab. In Jerusalem aber wohnten Juden, fromme Männer aus allen Völkern unter dem Himmel. Als nun jenes Tosen entstand, strömte die Menge zusammen, und sie waren verstört, denn jeder hörte sie in seiner Sprache reden. [...] Sie waren fassungslos, und ratlos fragte einer den anderen: was soll das bedeuten? [...] Die nun sein Wort annahmen, liessen sich taufen. Und an jenem Tag wurden ungefähr dreitausend Menschen der Gemeinde zugeführt.» (Apostelgeschichte 2,1–6.12–13.41)

Wer betet, sitzt – bildlich gesprochen – immer wieder mit den Jüngerinnen und Jüngern im Obergemach und wartet auf Gott, wartet auf das Kommen seines Geistes. Wir können bereit sein, auf Gott zu hören, wir können verschiedene Gebetspraktiken einüben, Meditationsformen praktizieren und traditionelle Gebete lernen – und doch ist die Begegnung mit Gottes Geist unserem Zugriff entzogen. Keine Technik und kein Fleiss können den heiligen Geist «herbeibeten». So bleibt auch nach langem Üben und mit viel Erfahrung nur die demütige Bitte: Komm, heiliger Geist, und erfülle mich!

Und immer wieder die Erfahrung, dass vorerst nichts geschieht. Warten auf Gott, auf seinen Geist.

9 Von Auffahrt nach Pfingsten

Das ist die erste und wichtigste Erkenntnis, die in einer Gebetsschule gelernt werden kann: Gottes Gaben und sein Geist sind und bleiben unverfügbar.

Aber es ist nicht das Einzige, was gelernt werden kann. Denn der Geist weht zwar, wo er will, aber ob wir die Hände frei haben, um die Geschenke Gottes zu empfangen, und ob wir uns in unser vermeintliches Wissen und in unsere Ängste und Unsicherheiten einhüllen wie in wetterfeste Kleidung, sodass wir den Wind des Geistes nicht mehr spüren, das liegt sehr wohl in unseren Händen.

Wer regelmässig betet, wird Phasen erleben, die durchgehalten werden müssen, die Durststrecken sind. Es ist gut, verschiedene Möglichkeiten zu kennen, wie man aufmerksam bleibt auf Gottes Reden. Und es ist tröstend, von Quellen zu wissen, die erfrischen und das eigene Beten inspirieren können. All das hilft, das Beten nicht aufzugeben, wenn Gott zu schweigen scheint und die Ratlosigkeit, wie es jetzt weitergehen soll, gross ist.

Beten heisst, immer wieder die Bewegung von Auffahrt nach Pfingsten mitzugehen. Immer wieder scheint da nur Leere zu sein, und der Himmel wirkt verschlossen. Immer wieder fühlen sich die eigenen Worte sinnlos an, und es scheint nichts zum Hören zu geben. Dann nicht aufzugeben, sondern weiter zu beten, dazu braucht es, wie die Jüngerinnen und Jünger im Obergemach, Unterstützung. Einerseits sind das Texte, wie Psalmen, Lieder und vorgeformte Gebete aus der Tradition und aus der Gegenwart, manchmal sperrig und fremd, aber treue Begleiter auch in kargen Zeiten. Und andererseits sind das Menschen, die mit uns unterwegs sind, die ähnliche Erfahrungen machten und machen und mit denen wir im Gespräch unsere eigenen Schwierigkeiten und Freuden mit dem Gebet ausloten und vertiefen können. Sie sind Teil der «Wolke der Zeugen» (Hebräer 12,1), die uns umgeben und mittragen, wenn uns der Weg schwer erscheint und wir den nächsten Schritt, der vorwärts führt, nicht sehen können.

Aber immer und in allem Bemühen um das Hören auf Gottes Stimme und das Gespräch mit dem göttlichen Gegenüber bleibt am Schluss nur das Eine: die offene, erwartungsvolle Haltung, die Sehnsucht nach dem Überraschtwerden durch den heiligen Geist. Diese Hoffnung und Sehnsucht kann mit einem heiligen Schauer und mit Unsicherheit verbunden sein.

Gottes Geist ist keine zahme Taube, sondern eine Wildgans. Er ist Feuer und Sturm, Schöpfungskraft und Weisheit, Liebe und Bereitschaft zur Hingabe – darum zu bitten, braucht Mut.

Der heilige Geist lässt an Pfingsten die ängstliche Jüngerschar die Türen ihres Verstecks aufreissen und treibt sie auf die Strassen von Jerusalem, um von den grossen Taten Gottes zu erzählen. Er führt die Jüngerinnen und Jünger in die Welt hinaus, um Menschen zum Glauben einzuladen. Er schenkt damals und heute den Mut, zum Glauben zu stehen, auch wenn es einmal bedrohlich wird. Die Kirche entstand, weil geisterfüllte Menschen sich hinauswagten und von ihren Erfahrungen erzählten. Kirche, Gemeinschaft entsteht und erneuert sich noch heute so: Menschen, die von Gottes Geist berührt und erfüllt werden, treten aus ihrem eigenen kleinen individuellen Leben heraus und teilen, was ihnen geschenkt wurde. So wird Kirche. Immer wieder neu.

An der Bewegung der Liebe Gottes hin zu den Menschen hat sich nichts verändert. Wenn sich die Zeiten verändern, die Fragestellungen verschieben: Gottes Versprechen, gutes Leben für alle zu schaffen, ändert sich nicht.

Die Bibel verharmlost die Begegnung mit Gott und seinem Geist nie. Aber das Versprechen, das die Gabe des Geistes begleitet, ist ein Leben in Fülle: Mut, Freude, Hoffnung, Gerechtigkeit und Vertrauen.

Beten heisst, Gott um das Kommen seines Geistes bitten: Komm, Heiliger Geist, erfülle mich, erfülle uns! Als Einzelne und als Gemeinschaft.

Wer weiss, was dann alles passieren kann!

9 Von Auffahrt nach Pfingsten

9.1 Texte

Komm, Schöpfer Geist

Komm, Schöpfer Geist, kehr bei uns ein
und lass uns deine Wohnung sein;
erfüll die Herzen, dein Gebild,
mit deinen Himmelsgaben mild.

Ein Tröster kommst du uns herab,
du bist des Höchsten höchste Gab,
des Lebens Quell, die wahre Sonn,
der Seele Labung, Lieb und Wonn.

Unendlich reichst du Gaben dar,
du Gottes Finger wunderbar.
Durch dich lebt nun des Herren Wort
in allen Zungen ewig fort.

Gib unsrer Leuchte klaren Schein,
flöss Liebesglut den Herzen ein.
Stärk unsern Mut, dass er besteh
des schwachen Leibes Not und Weh.

Des Feindes List fern von uns treib;
gib, dass dein Friede bei uns bleib.
Geh du als Helfer uns voran,
dass uns kein Schade treffen kann.

Aus deiner Gnaden lautrem Quell
schenk unsern Herzen Freude hell.
Der Zwietracht Bande lös zur Stund,
schliess uns in deines Friedens Bund,

9 Von Auffahrt nach Pfingsten

Den Vater und den Sohn, o lehr
sie uns erkennen immer mehr.
Du Heilger Geist, in alle Zeit
sein unsre Herzen dir geweiht.

<small>Abraham Emanuel Fröhlich (1844) (Strophen 1–4 und 7) und Christine Heuser (Strophen 5 und 6) © by Gustav Bosse Verlag/ Bärenreiter-Verlag Karl Vötterle GmbH & Co. KG, Kassel</small>

Komm, Heiliger Geist

Komm, Heiliger Geist,
du Geist der Wahrheit, die uns frei macht.
Du Geist des Sturmes, der uns unruhig macht.
Du Geist des Mutes, der uns stark macht.
Du Geist des Feuers, der uns glaubhaft macht.

Komm, Heiliger Geist,
du Geist der Liebe, der uns einig macht.
Du Geist der Freude, der uns glücklich macht.
Du Geist des Friedens, der uns versöhnlich macht.
Du Geist der Hoffnung, der uns gütig macht.
Komm, Heiliger Geist!

<small>Leonardo Boff</small>

Geh durch das Tor zum Leben

Wenn du zum Tor des Lebens gelangen willst,
musst du aufbrechen, einen Weg suchen,
der auf keiner Karte verzeichnet
und in keinem Buch beschrieben ist.

Dein Fuss wird an Steine stossen,
die Sonne wird brennen und dich durstig machen,
deine Beine werden schwer werden.

9 Von Auffahrt nach Pfingsten

Die Last der Jahre wird dich niederdrücken.
Aber irgendwann wirst du beginnen, diesen Weg zu lieben.
Weil du erkennst, dass es dein Weg ist.

Du wirst straucheln und fallen,
aber die Kraft haben, wieder aufzustehen.
Du wirst Umwege und Irrwege gehen, aber dem Ziel näher kommen.

Alles kommt darauf an,
den ersten Schritt zu wagen.
Denn mit dem ersten Schritt gehst du durch das Tor.
    Wolfgang Peoplau

Bleib nicht stehen
Nein, bleib nicht stehen!
Es ist eine göttliche Gnade,
gut zu beginnen.
Es ist eine grössere Gnade,
auf dem guten Weg zu bleiben.
Aber die Gnade der Gnaden ist es,
sich nicht zu beugen
und vorwärts zu gehen bis zum Ziel.
    Dom Hélder Câmara (1909–1999)

Dank

Dieses Buch wäre nie entstanden, hätten mich nicht viele Menschen auf meinem Weg des Glaubens und Betens begleitet. Es sind vor allem die Frauen, Männer und Jugendlichen in den verschiedenen Kirchgemeinden, in denen ich als Pfarrerin gearbeitet habe und noch arbeite. Besonders danken möchte ich den Frauen und Männern der evangelisch-reformierten Kirchgemeinde Hittnau, die mir schon für meine Dissertation mit ihren Glaubens- und Gebetsgeschichten wertvolle Grundlagen für die empirische Forschung schenkten und die dann auch bei der Entstehung dieser Gebetsschule mitgedacht haben.
Danke und ein grosses «Vergälts Gott»!

Hittnau, Pfingsten 2022

Zur Künstlerin Anita Sieber Hagenbach

Anita Sieber Hagenbach, geboren 1962, wuchs in Utzigen, Kanton Bern, zweisprachig (Deutsch/Französisch) auf. Als Sozialarbeiterin FH war sie rund 20 Jahre im Drogenbereich tätig, anschliessend mehrere Jahre in einem Teilzeitpensum als Dozentin an der höheren Fachschule TDS (Theologie, Diakonie, Soziales) in Aarau. Seit 2011 ist sie vollberuflich als freie Gestalterin tätig.

Die künstlerische Ausbildung erfolgte an der Schule für Gestaltung in Bern (heute HKB), parallel zu ihrer sozialen Berufstätigkeit. Neben ihrer Ausstellungstätigkeit erarbeitet sie Projekte und Kunst am Bau, oft im kirchlichen Umfeld.

Anita Sieber Hagenbach ist Mitglied von Visarte, Arts+ und DAS RAD; zusätzliche Informationen unter www.art-asi.ch.

In Sieber Hagenbachs künstlerischen Arbeiten sind Beziehungen ein wichtiges und wiederkehrendes Thema. Beziehungen, die wir Menschen untereinander haben, soziale Gerechtigkeit und auch die Beziehung zu Gott. Um sich dieser Thematik aus verschiedenen Blickwinkeln zu nähern, arbeitet die Künstlerin mit verschiedenen Materialien und Techniken; sie schafft Bilder, Objekte oder Installationen. Immer wieder verwendet sie dabei auch die Schrift als Gestaltungselement. Dabei werden Lebens-Worte – lesbar oder unleserlich, teilweise auch als Fragmente – zum Schrift-Bild. Dies kann einen neuen Zugang zu Kostbarkeiten, Ermutigungen und Herausforderungen biblischer Texte schaffen.

Die Sehnsucht nach einer tiefen Begegnung mit Gott ist prägend im Leben von Anita Sieber Hagenbach. Das Gebet versteht sie als Zugang zur Gemeinschaft mit Gott, als Suche nach seiner Nähe.

Die im Buch abgebildeten Fotografien von Bildern und Installationen wurden in Abstimmung zu den einzelnen Kapiteln sorg-

Zu den Bildern

fältig ausgewählt. Sie unterstreichen die Ausführungen der Autorin, Pfrn. Christine Reibenschuh, und unterstützen eine Annäherung ans Thema auf einer kontemplativen Ebene.

Zu den Bildern

Titelbild des Umschlags: «Nähe» (2016), Mischtechnik mit Blattgold auf Leinwand, 30 × 30 cm

S. 16: «Hörgang» (2011), Rauminstallation mit Telefonhörern (Foto: Melanie Franko)

S. 32: «Nähe» aus der Serie «Hier» (2016), Mischtechnik auf Leinwand, 15 × 15 cm

S. 48: «Le grand voyage» (2015), Alter Reisekoffer, Papiere, Metallfäden

S. 66: «Miteinander» (2015), Mischtechnik auf Leinwand, 80 × 80 cm

S. 88: «Klage-Kiste» (2015), Transportkiste, Blattgold, Acryl, Tusche

S. 110: «Psalm 42» (2016), Mischtechnik auf Leinwand, 80 × 80 cm

S. 128: «Durchbruch» (2016), Mischtechnik mit Blattgold auf Leinwand, 40 × 40 cm

S. 148: «Gebet in alle Richtungen» (2012/2016), Mischtechnik auf Leinwand, 40 × 40 cm

S. 155: «Psalm 126» (2016), Mischtechnik auf Leinwand, 80 × 80 cm

S. 168: «Himmel und Erde» (2021), Installation mit Bilderrahmen, Draht

Textrechte

Alle Bibeltexte sind, wenn nicht anders angegeben, der Zürcher Bibel entnommen © 2007 Zürcher Bibel / Theologischer Verlag Zürich.

S. 45: «Raum der Stille» © Maja Peter-Höck (Erscheinungsjahr 2003), Mellingen, www.majapeter.ch

S. 45: «genug» © Karin Petersen, Skorpionengesänge, 2009, www.lyricus.ch

S. 46: «Hier bin ich, Gott, vor dir» © Andrea Felsenstein

S. 83: «Ein Leib – viele Körperteile» (Römer 12,4–8): BasisBibel © 2021 Deutsche Bibelgesellschaft, Stuttgart

S. 83: «Wir wollen uns umeinander kümmern» (Hebräer 10,24–25): BasisBibel © 2021 Deutsche Bibelgesellschaft, Stuttgart

S. 84: «Geben und Nehmen» © Antje Nordmann

S. 102: «Ich aus Deiner Hand» © Alle Autorenrechte liegen bei der Katholischen Akademie in Bayern, Romano Guardini, Theologische Gebete, 12. Auflage 2021, S. 20. Verlagsgemeinschaft Matthias Grünewald, Mainz / Brill-Ferdinand Schöningh, Paderborn

S. 104: «Nichts soll dich ängstigen» © Pan-Verlag GmbH/Kassel, www.pan-verlag.com

S. 121: «Gehalten», aus: Pfarrkapitel Hinwil (Hg.), Täglich mit Gott. Abreisskalender © Thomas Bachofner

S. 121–122: «Auferstandener Christus», Frère Roger, Taizé © Atelier et Presses de Taizé, 71250 Taizé, Frankreich

S. 122 und S. 9 (Geleitwort): «Du wartest auf uns», Huub Oosterhuis, Du bist der Atem und die Glut © 1994 Verlag Herder GmbH, Freiburg i. Br.

Textrechte

S. 122–124: «Sehnsucht nach Gott und seinem Heiligtum» (Psalm 42): BasisBibel © 2021 Deutsche Bibelgesellschaft, Stuttgart

S. 143–144: «Eine Schale will ich sein», aus: Anton Rotzetter, Gott, der mich atmen lässt, S. 146f © 2016 Verlag Herder GmbH, Freiburg i. Br.

S. 144: «Ich wende meine Augen nach innen», aus: Anton Rotzetter, Gott, der mich atmen lässt, S. 113 © 2016 Verlag Herder GmbH, Freiburg i. Br.

S. 153–154: «Die gesellige Gottheit am Werk» von Kurt Marti © 2004 by Radius-Verlag, Stuttgart

S. 163: «Das Geheimnis der Farben», aus: Jonathan Cahn, Der Lehrer und sein Schüler. 365 Glaubensgeheimnisse, S. 148, 2017 © Media! Worldwidewings, Bad Nauheim

S. 172–173: «Komm, Schöpfer Geist»: Text Strophen 5 und 6: Christine Heuser © Gustav Bosse Verlag / Bärenreiter-Verlag, Kassel

S. 173–174: «Geh durch das Tor zum Leben», aus: Wolfgang Poeplau / Conrad Contzen, Geh durch das Tor zum Leben. tvd Düsseldorf 1994 © Wolfgang Poeplau

Autorin und Verlag waren bemüht, alle nötigen Abdruckrechte einzuholen. Wir bitten, nicht erhebbar gewesene Rechte gegenenfalls beim Theologischen Verlag Zürich zu melden. Herzlichen Dank.